LA
QUESTION SOCIALE

ET LES

SYNDICATS OUVRIERS

PAR

M. FERNAND DESPORTES

Vice-Président de la Société d'économie charitable

———+*+———

PARIS

E. DENTU, LIBRAIRE-ÉDITEUR

Palais-Royal, 15, 17, 19, Galerie d'Orléans.

1876

LA QUESTION SOCIALE

ET LES

SYNDICATS OUVRIERS

LA
QUESTION SOCIALE

ET LES

SYNDICATS OUVRIERS

PAR

M. FERNAND DESPORTES

Vice-Président de la Société d'économie charitable

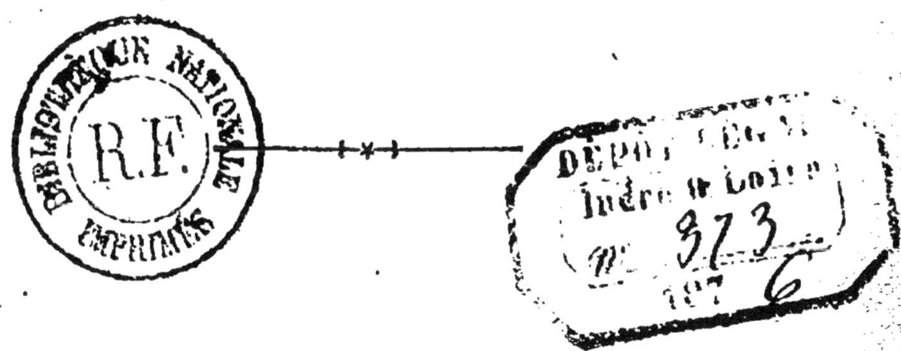

PARIS

E. DENTU, LIBRAIRE-ÉDITEUR

Palais-Royal, 15, 17, 19, galerie d'Orléans.

—

1876

LA QUESTION SOCIALE

ET

LES SYNDICATS OUVRIERS

CHAPITRE I.

LA QUESTION SOCIALE EXISTE-T-ELLE?

Au lendemain de la Commune, alors que Paris fumait encore des incendies allumés par l'Internationale, l'Assemblée prescrivait une enquête parlementaire sur *les conditions du Travail en France.*

Elle avait la justice et le courage de reconnaître avec M. le duc d'Audiffret-Pasquier, auteur de la proposition, « que s'il était de son devoir et du devoir de la société de se défendre, c'était un devoir aussi sacré d'entendre avec une profonde sympathie l'exposé des besoins, des doléances, des intérêts, des aspirations de la classe ouvrière... qu'il ne suffisait pas de sévir et qu'il était très-politique et très-juste d'écouter et de s'éclairer afin de porter remède, si on le pouvait, aux maux qui seraient révélés. »

Elle affirmait, avec la commission chargée d'examiner la proposition d'enquête, que les rapports entre patrons et ouvriers avaient été s'aigrissant chaque jour davantage, que l'antagonisme était arrivé à un point tel que la société se trouvait en quelque sorte en demeure d'aviser.

« Ne voyons-nous pas tous les jours, disait le Rapporteur de cette première commission, combien pèse lourdement sur les ouvriers l'obligation du travail, et n'est-il pas naturel de se demander si une meilleure organisation des rapports des travailleurs et de ceux qui les emploient, ne pourrait amener une situation plus conforme au principe de justice et d'égalité... L'enquête sera comme un grand interrogatoire, non-seulement de toutes les parties intéressées, mais de tous les hommes compétents en ces matières, et comme un véritable bureau de renseignements ouvert à l'esprit de réforme et de progrès. Elle éclairera à la fois l'État au point de vue des modifications qu'il peut être utile d'apporter à la législation, les chefs d'industrie sur ce qu'on est en droit d'attendre d'eux dans l'intérêt des ouvriers, et les ouvriers eux-mêmes sur le vice de systèmes désormais condamnés par une libre discussion. *Quand la société est troublée par un immense malentendu entre gens qui sont faits pour s'entendre et pour s'aimer il est de toute nécessité de les mettre en présence.* »

Enfin l'Assemblée nationale résumait toute

sa pensée dans cette déclaration du Rapport :

« LA QUESTION SOCIALE DOMINE ET DÉPASSE
« TOUTES LES QUESTIONS POLITIQUES ET RÉCLAME
« LES MÉDITATIONS DE TOUS LES ESPRITS SÉRIEUX. »

§

L'enquête votée, la commission fut composée de quarante-cinq membres qui eurent le pouvoir de s'adjoindre toute personne étrangère à l'Assemblée dont ils jugeraient le concours utile, de se subdiviser en sous-commissions, de se transporter partout où besoin serait, d'entendre tous les témoins nécessaires, surtout les *principaux intéressés*, c'est-à-dire les ouvriers eux-mêmes, de procéder enfin à une information « qui pour être sincère devait être publique, contradictoire et sténographiée. »

§

Depuis cette époque, il se passa quatre ans, et ce fut dans les derniers jours de l'existence de l'Assemblée que M. Ducarre, au nom de la deuxième sous-commission, déposa son rapport sur la question « *des salaires et des rapports entre ouvriers et patrons.* »

La lecture de ce travail, dont la conclusion, semblable à celle de tant d'autres documents officiels, est que tout est pour le mieux et qu'il n'y a rien à faire, nous a causé, faut-il le dire ? moins de surprise que de regret.

Il était facile de prévoir ce qui devait arriver.

Pendant ces quatre années, en effet, au sein de l'Assemblée nationale, les questions politiques avaient pris le pas sur la question sociale ; elles l'avaient à leur tour singulièrement dominée. Elles avaient même en quelque sorte troublé les meilleurs esprits, et mis le doute, l'hésitation, la défiance à la place de cette virile assurance qui avait d'abord fait appel à la liberté contre l'anarchie triomphante.

Ces défaillances n'ont pas épargné les membres de la commission d'enquête. Les uns, grands industriels, ont pensé peut-être qu'il serait imprudent d'exciter dans les classes laborieuses des espérances difficiles à satisfaire ; les autres, grands propriétaires, qu'il était inutile de s'occuper d'une façon spéciale des ouvriers des villes ; les uns et les autres, que puisque l'ordre matériel était rétabli, il serait plus facile de le maintenir sans entretenir dans les esprits une agitation dangereuse, et, qu'en somme, mieux valait se préparer à *combattre* que de chercher une paix douteuse dans une conciliation chimérique.

De sorte qu'après quelques mois d'études préliminaires, d'hésitations et de tâtonnements, la commission finit par mettre une sourdine à son enquête. Elle évita toute publicité, refusa toute communication, n'adressa ses questionnaires qu'à des personnages officiels ou à des corps constitués, tels que les préfets et les chambres de commerce, ne s'adjoignit aucune personne étrangère, n'entendit que de rares témoins, et défendit tout accès « aux principaux intéressés », aux ouvriers, dont elle se contenta d'entendre « *les avocats d'office !* »

En un mot, il apparut bientôt qu'au lieu de chercher à résoudre la « Question sociale », elle ne cherchait qu'à s'en débarrasser.

§

Le rapport de M. Ducarre porte un peu trop naïvement peut-être la trace évidente de cette préoccupation. Il commence par nier ou par travestir la haute mission que la commission a reçue de l'Assemblée. « A la fin de l'année 1871 et au commencement de 1872, dit-il, les grèves industrielles recommençaient aussi violentes qu'en 1869 et en 1870 ; une énergique intervention du gouvernement mit fin à ces tentatives et l'Assemblée nationale prescrivit une enquête *sur les causes de ces perturbations.* » Voilà, suivant M. Ducarre, le motif et l'occasion de l'enquête : explication ingénieuse et nouvelle ! Ni M. le duc d'Audiffret-Pasquier, auteur de la proposition d'enquête, ni la commission qui la fit voter, n'y avaient songé. On ne la donne aujourd'hui, tenons-le pour certain, qu'afin de dissimuler le caractère véritable de l'enquête et d'en atténuer l'importance.

Il ne s'agit plus en effet, comme en 1872, «d'organiser une sorte d'arbitrage amiable et bienveillant entre les intérêts opposés que représentent les ouvriers et les patrons. » Ce serait peine inutile : « Sans doute, dit M. Ducarre, le monde industriel a ses intérêts opposés comme tous les autres ; seulement leur règlement est inoffensif et sans péril depuis que les patrons et les ouvriers les règlent individuellement entre eux et que la loi n'intervient que pour assurer l'exécution de ces conventions individuelles... La commission a vainement cherché à constater un état général de lutte et de guerre. Ce qu'on appelle la question ouvrière n'existe sérieusement qu'à Paris. Ce n'est que là et pour des causes toutes locales qu'on trouve un certain nombre d'ouvriers malheureux, mécontents, socialistes, parce qu'ils sont dans une fausse position, souvent pas mariés, et qu'ils se sont créé des besoins qu'ils ne peuvent satisfaire. » — Partout ailleurs la situation est excellente ; les ouvriers sont contents ; ils ont vu, depuis le commencement du siècle, tripler leur salaire ; ils ont profité d'une augmentation de 40 0/0 dans les vingt dernières années ; ils savent que le salariat n'est pour eux qu'une étape dans la vie industrielle et qu'à leur tour ils peuvent devenir patrons, puisque, parmi les patrons, quatre-vingts sur cent ont commencé par être ouvriers. Ils sont redevables de ce bien-être au régime de la liberté individuelle du travail consacré par la grande révolution. Ce régime a considérablement augmenté, perfectionné la production générale, amélioré la condition des travailleurs et enrichi la France ; il est considéré comme un bienfait par l'immense majorité ; il laisse à tous les citoyens français, ouvriers ou patrons, le soin de régler leurs rapports professionnels comme ils l'entendent. On n'a formulé contre lui que des griefs vagues, mal définis ; ce sont les socialistes, les meneurs, les ambitieux de tous les partis qui les soulèvent et les exploitent. Mais les bons esprits, les véritables industriels les répudient et « protestent contre toute assimilation de la France avec les pays où le régime du travail est à l'état de germe, de lutte ou d'antagonisme. »

En résumé, les quarante-cinq membres de la commission d'enquête se sont réunis pour répéter, en un gros volume, ce que M. Gambetta disait un jour, à lui tout seul et d'un seul mot : « *La Question sociale n'existe pas !* »

§

Plût à Dieu que cette assertion fût vraie ! qu'elle ne fût pas contredite, non-seulement par tous les faits de notre histoire contemporaine, mais encore par tous les documents de l'enquête même dont M. Ducarre est le rapporteur !

Ah ! si les ouvriers étaient satisfaits de leur condition, seraient-ils depuis 1830 au service de la révolution, dans tous les scrutins et derrière toutes les barricades ? Ils n'affrontent pas la captivité, l'exil ou la mort pour l'amour des principes et des doctrines abstraites. En réalité, la forme du gouvernement ne leur importe guère ; ce qui leur importe, c'est leur propre condition ; et comme on leur fait croire que la société moderne oppose à leur bien-être d'insurmontables obstacles, ils ne veulent plus ni des principes qui l'ont établie, ni des institutions qui la maintiennent. Ces sentiments, ils ne les dissimulent guère ; chaque fois qu'ils en trouvent l'occasion, ils les expriment avec une netteté de plus en plus précise. Les rapports des délégations ouvrières aux Expositions de 1862, 1867 et de 1873 ne laissent aucun doute à cet égard.

Mais, dit M. Ducarre, il n'y a que les ouvriers parisiens pour faire entendre de telles plaintes et de telles menaces ! C'est déjà quelque chose, les ouvriers parisiens : ils forment le quart de la population ouvrière de la France ; ils en sont l'élite ; ils s'y retrempent constamment ; car, pour la plupart venus du dehors, ils ne résident que temporairement à Paris. D'ailleurs M. Ducarre n'a-t-il pas été dupe d'une illusion singulière, n'a-t-il pas commis une erreur bien étrange en séparant ainsi les ouvriers parisiens du reste des ouvriers français ? Pourquoi n'a-t-il pas parlé des ouvriers de Lyon ? Député de Lyon, ignorait-il que ceux-ci sont encore plus hostiles que ceux de Paris, ou bien craignait-il de le leur dire à la veille des élections ? Ignorait-il qu'il en est de même dans la plupart des centres industriels ; qu'à Bordeaux, à Marseille, à St-Étienne, dans tout le Nord, les ouvriers font entendre les mêmes plaintes et les mêmes reproches ? A-t-il oublié ces ouvriers du Pas-de-Calais, dont les grèves ont été suivant lui l'occasion même de l'Enquête ? N'a-t-il pas lu les pièces justificatives qu'il a fait imprimer à la suite de son propre Rapport, et dans lesquelles M. L. Favre, secrétaire de la commission, a analysé département par département les réponses faites aux questionnaires ?

Ces réponses indiquent que dans un grand nombre de régions industrielles, mais principalement dans le Midi, les rapports entre les ouvriers et les patrons sont chaque jour plus tendus, plus difficiles, plus amers. En somme, dit M. Favre, on peut établir, d'après les réponses aux questionnaires, que les rapports entre ouvriers et patrons n'existent en aucun lieu, dans aucune industrie, à l'état très-satisfaisant. Dans les provinces où les industries sont le plus favorisées, dans celles où l'harmonie paraît régner, où il n'y a ni grève, ni lutte, on constate cependant un sentiment de défiance presque inconnu il y a trente ans, qui s'accentue chaque jour davantage, et on est fondé à dire que si les grèves, les luttes sont le plus souvent locales, l'esprit d'antagonisme semble en quelque sorte passé dans les mœurs. M. Favre pense toutefois que l'accord peut être rétabli, mais à une condition : « c'est que les patrons comprendront « l'importance de la QUESTION SOCIALE qui « s'agite, et useront de toute leur énergie, « de leur meilleure volonté pour en conjurer « les dangers. »

Ainsi, comme le disait M. le duc d'Audiffret-Pasquier, comme l'indiquait l'Assemblée en ordonnant une enquête, une partie de la population française, la classe ouvrière, celle qui dans la production industrielle fournit la main-d'œuvre, n'est pas satisfaite du sort qui lui est fait. Elle s'en prend à la société, parce qu'elle est convaincue que c'est la société, que ce sont ses lois, ses principes, ses traditions qui s'opposent au bien-être auquel elle aspire.

Voilà bien la QUESTION SOCIALE, celle qui « domine et surpasse toutes les questions politiques. »

CHAPITRE II.

COMMENT LA QUESTION SOCIALE SE POSE-T-ELLE ?

Une fois posée, la question sociale s'impose, et pour la résoudre il est puéril de la nier.

Il est préférable d'examiner avec soin en quels termes elle se pose, pour la discuter ensuite avec sang-froid et sincérité.

C'est ce que la Commission d'enquête n'a pas cru devoir faire et ce que nous allons essayer, en répondant à son rapport, dans les limites très-restreintes de ce travail.

Les plaintes de la classe ouvrière sont-elles fondées ?

Ses accusations contre la société sont-elles justes ?

Tels sont les deux points que comporte cet examen.

§

L'ouvrier de Paris se plaint à tort, dit M. Ducarre : son salaire, triplé depuis le commencement du siècle, s'est élevé dans les vingt dernières années dans la proportion de 40 p. 100.

C'est possible ; mais dans quelles proportions ses charges, ses dépenses se sont-elles accrues ?

Les annexes du Rapport — lesquelles, qu'il soit permis de le dire, constituent le véritable Rapport, — répondent à cette question :

Partout les dépenses de l'ouvrier se sont élevées en proportion de l'élevation de son salaire ; et même, dans quelques départements, elles se sont élevées dans une proportion plus grande.

Nous démontrerons bientôt qu'il ne pouvait en être autrement.

§

Soit, poursuit-on. Mais l'ouvrier ne reste pas toujours ouvrier ; il n'est pas rivé à la condition de salarié ; la liberté de l'industrie lui permet de devenir patron à son tour, et la condition d'ouvrier n'est en somme qu'une condition passagère : sur cent patrons, quatre-vingts ont été des ouvriers...

Ah ! voilà un chiffre qui met M. Ducarre fort à l'aise et qu'il répète souvent ! Eh bien, ce chiffre-là ne signifie rien, et voici celui qu'il aurait fallu rechercher : sur cent ouvriers, combien deviennent patrons ?

La statistique aurait répondu deux choses: premièrement, qu'aujourd'hui sur cent ouvriers, quatre-vingts restent ouvriers ; secondement, que cette proportion même tend à s'élever encore à mesure que la grande industrie prend la place de la petite. Non, il en est de la classe ouvrière comme de l'armée : beaucoup d'officiers sortent des rangs, fort peu de soldats deviennent officiers.

§

Laissons donc ces considérations sans valeur et posons le problème dans ses véritables termes : L'OUVRIER REÇOIT-IL UN SALAIRE SUFFISANT ?

La commission l'affirme. Elle déclare que son salaire donne à l'ouvrier « la somme nécessaire pour ses besoins de chaque jour, augmentée d'une prévision pour les cas de chômage. » M. Louis Favre, dans le documents annexé au Rapport, complète cette pensée en disant : « L'épargne, petite ou grande, est possible pour tout homme qui a une bonne conduite, un travail soutenu, qui n'est pas éprouvé par les maladies et n'a pas une trop nombreuse famille. »

C'est à merveille : à la condition de ne jamais être malade, de ne pas vieillir et de se conformer aux principes de Malthus, tout ouvrier d'une moralité irréprochable et d'un courage constant peut se flatter d'atteindre à l'idéal bonapartiste : bien boire, bien manger, bien dormir. Il serait en vérité fort impertinent de se plaindre !

Hélas ! la commission a mis elle-même une ombre à ce tableau, une ombre douloureuse, car elle ajoute : « Hors de ces conditions, 'ouvrier, malgré le taux de son salaire traîne son existence dans la gêne, vit au jour le jour, puis arrivé à la vieillesse, abandonné trop souvent par ses enfants, il n'a d'autre ressource que la charité publique ou la subvention de la société de secours ! »

§

Tel est le sort de 2,237,000 ouvriers ! Avec leur famille, ils ne forment, il est vrai, que la sixième partie de la population de la France; mais ils créent chaque année et mettent en œuvre les trois cinquièmes de sa richesse. Oui, ce sont les chiffres de la commission, tandis que la population agricole, qui comprend 18,513,325 habitants (52 p. 100 de la population) ne fournit qu'une production annuelle de 8 milliards de francs, — la population industrielle avec ses 3,131,989 travailleurs, patrons et ouvriers, c'est-à-dire en y comprenant les familles avec une population de 8,400,000 habitants (23 p. 100) donne une production annuelle qu'on évalue à douze milliards de francs.

§

Et quand ces gens seraient tous assurés de ne mourir ni de faim, ni de soif, ni de froid; quand tous, malgré le chômage, la maladie, la vieillesse, auraient de quoi vivre au jour le jour, leur sort serait-il bien enviable, et la commission aurait-elle lieu de s'en féliciter ?

L'homme n'a-t-il donc que des besoins matériels à satisfaire ? Quand il travaille, quand il s'épuise en généreux efforts pour créer la richesse et pour la répandre, sa pensée ne s'arrête pas à ses appétits satisfaits ; elle se porte vers l'avenir, elle va de ceux qui l'entourent à ceux qui le suivent, vers cette famille dont il est responsable et dont il doit assurer l'existence ! Est-ce que nous ne pensons pas, tous tant que nous sommes, que le meilleur de nous-mêmes est en dehors de nous ? Est-ce que nous n'avons pas tous ce désir et cet orgueil de nous faire en ce monde une place, d'y établir les nôtres, et d'y laisser en mourant, avec le souvenir de notre dévouement, les fruits accumulés de notre travail ? Est-ce que le patrimoine n'est pas l'assiette même et le lien de la famille ?

Eh bien ! de l'aveu de la commission, voilà ce qui est refusé à l'ouvrier. Tous les autres peuvent conserver une partie de ce qu'ils gagnent, devenir propriétaires ou capitalistes, amasser un patrimoine ; le paysan lui-même, quoiqu'il produise trois fois moins que l'ouvrier, parvient à se créer une épargne pour acquérir le champ qu'il cultive et le laisser à ses fils.

Seul, de notre temps, l'ouvrier se trouve exclu de la condition commune : huit fois sur dix, il ne peut devenir ni propriétaire, ni capitaliste, il ne laisse rien après lui.

Il faut reconnaître qu'il ne se plaint pas sans motifs et que son sort est assez misérable.

En fait, ses plaintes sont donc fondées.

Voyons à présent s'il est en droit de s'en prendre à la société.

§

Les docteurs politiques qui exploitent la misère des ouvriers, s'en vont répétant que le salariat est une sorte d'asservissement et que la société moderne le conserve avec la passion que la société antique mettait à conserver l'esclavage. Oui, la société antique a conservé l'esclavage, mais elle en est morte; et la société chrétienne, qui l'a détruit, n'a nulle envie de le rétablir. Le corps social est comme le corps humain : qu'un de ses membres soit malade, tous les autres souffrent et dépérissent. Dire de la société qu'elle tient de propos délibéré une partie de ses membres dans la souffrance et dans la misère, c'est comme si l'on disait d'un homme qu'il entretient soigneusement une plaie pour affermir sa santé et prolonger sa vie. L'intérêt de la société est évident : sa prospérité, sa puissance, son avenir dépendent de la prospérité, de la force, du dévouement de chacun de ses membres, et ce serait aller contre cet intérêt même que de mécontenter, d'affaiblir et de ruiner systématiquement une partie d'entre eux, et quelle partie? — sinon la plus nombreuse, du moins la plus féconde.

§

Rien dans les institutions, rien dans les lois, rien dans la politique des gouvernements qui se sont succédé depuis la Révolution, n'autorise à penser et à répéter qu'il entre dans les vues et dans les intérêts de la société moderne de maintenir la classe ouvrière dans une situation malheureuse, inférieure, rappelant à un degré quelconque l'esclavage ou le servage. Longue au contraire serait l'énumération des efforts tentés et des sacrifices accomplis sous tous les régimes pour améliorer la condition de l'ouvrier. Accuser la société moderne, lui reprocher de transformer l'ouvrier en prolétaire, et le prolétaire en paria, c'est parler contre le bon sens et contre la vérité.

§

Cependant, si ces efforts et ces sacrifices ont produit un grand bien, il n'en est pas moins vrai qu'ils n'ont pas eu la puissance de modifier sensiblement la conditions de l'ouvrier, c'est-à-dire de lui rendre l'épargne possible, et, par l'épargne, la propriété.

C'est que la condition de l'ouvrier, telle que nous la voyons aujourd'hui, est un résultat économique contre lequel l'assistance ni la charité ne peuvent rien. C'est le résultat, non d'un calcul, non d'une intention de la société moderne, nous ne saurions trop le redire, mais d'une erreur de la révolution française, d'un préjugé que cette révolution a légué aux générations suivantes et qui ne s'est jamais affirmé avec tant de complaisance et de naïveté que dans le rapport de M. Ducarre.

La révolution a fait une grande chose : elle a réalisé les projets de Turgot et les vœux de Louis XVI ; elle a substitué le régime de la liberté du travail à celui du monopole ; elle a supprimé les corporations *privilégiées* et *fermées*. En cela elle a véritablement servi les intérêts de tous, ceux des particuliers comme ceux du public, ceux du capital comme ceux du travail. Aussi quand on entend, pour les besoins de sa cause, M. Ducarre accuser ses adversaires de rêver on ne sait quel retour à l'ancien régime, on s'interroge avec anxiété et on se demande si l'honorable rapporteur n'a pas vu dans ses contradicteurs des niais ou des fous.

La liberté du travail a délivré les ouvriers de règlements qui leur imposaient les onéreuses conditions de l'apprentissage et de la maîtrise, la limite du nombre, la spécialité de la main-d'œuvre, les tarifs obligatoires et la juridiction corporative ; elle leur a donné le droit d'acquérir à leur gré l'instruction professionnelle, d'en user librement, de débattre les conditions et le prix de leur travail, de disposer de ce travail, de le louer ou de le refuser ; elle leur a donné les droits qui appartiennent à tout producteur sur un marché libre. Nous voudrions savoir de M. Ducarre lequel des ouvriers ou de ceux qu'il veut bien appeler *leurs avocats d'office*, a jamais songé à renoncer à ces droits !

§

La Révolution française a donc bien fait d'établir la liberté du travail. Mais cette réforme a eu pour suite nécessaire l'introduction de la *concurrence* sur le marché français, l'application de la loi économique de l'offre et de la demande à toutes les transactions. Depuis lors celles qui ont pour objet la location de la main-d'œuvre se trouvent, comme toutes les autres, soumises à cette loi, et, suivant que les demandes et les offres de travail sont rares ou multipliées, le taux des salaires s'abaisse ou s'élève.

Or il est arrivé, par le jeu naturel de cette loi, que les ouvriers ont jusqu'à ce jour plus souffert de la concurrence qu'ils n'ont profité de la liberté ; il est arrivé que le salaire est tombé à cette limite extrême au-delà de laquelle il n'y aurait plus de travail parce que l'ouvrier n'aurait plus d'intérêt à travailler, c'est-à-dire au minimum de ce qui est indispensable pour sa subsistance, à ce que M. Ducarre appelle la somme nécessaire à ses besoins de chaque jour.

Et cependant, malgré la concurrence, tous les autres producteurs se sont enrichis par la liberté ; comment, seul, celui qui produit le travail en a-t-il souffert ? C'est là qu'apparaît l'erreur de la Révolution française.

En cette circonstance comme en beaucoup d'autres, la Révolution a manqué de mesure. Dans son aversion pour la *corporation privilégiée*, elle a proscrit l'*association libre*. La loi de 1791, après avoir proclamé la liberté du travail, a défendu « aux citoyens d'un même état et profession, lorsqu'ils se trouveraient ensemble, de nommer ni président, ni secrétaire, ni syndic, tenir des registres, prendre des arrêtés ou délibérations, former des règlements sur *leurs prétendus intérêts communs.* »

Supprimer le droit d'association, c'était enlever à la liberté du travail un complément naturel et une garantie nécessaire ; c'était méconnaître l'homme dans son génie, l'homme impuissant quand il est isolé, maître du monde, après Dieu, quand il s'appuie sur ses semblables ; c'était enfin mettre obstacle au progrès de l'industrie, qui ne vit que dans la réunion des intelligences, des forces, des capitaux.

Il arriva de la loi de 1791 ce qui arrive de toutes les œuvres humaines : ce qu'il y avait en elle de bon et de juste, d'utile, de conforme aux intérêts de la société, la *liberté du travail*, a survécu et subsiste aujourd'hui sans contestation possible ; ce qu'il y avait de téméraire, de chimérique, de contraire aux données économiques et aux principes de la civilisation, la défense de s'associer, a été bientôt contesté par la science et condamné par l'opinion.

§

Les patrons ne tardèrent pas à revendiquer le droit d'association au nom même de la liberté du travail ; après une lutte opiniâtre ils finirent par l'obtenir, soit de la condescendance du gouvernement, soit de la sagesse du pouvoir législatif. Sans parler des professions dites libérales, sans parler de la boulangerie et de la boucherie qui ont eu ou qui ont encore une organisation réglée par la loi, les autres professions ont fondé depuis le commencement de ce siècle, et notamment dans les vingt dernières années, des ASSOCIATIONS SYNDICALES, depuis les maîtres maçons qui ont ouvert leur *bureau* dès 1809, jusqu'aux vingt-sept corps d'état qui composent à Paris le groupe du *Comité central du commerc et de l'industrie*, et aux soixante-dix qui forment celui de l'*Union nationale*.

Ce fut le législateur lui-même qui, dès le 16 octobre 1791, pour donner dans une certaine mesure satisfaction aux protestations soulevées par la loi du 17 juin précédent, établit un Comité consultatif des arts et manufactures ; ce fut lui qui reconstitua les Chambres de commerce et les Chambres consultatives des arts et de l'industrie ; puis le Conseil général du commerce, puis le Conseil général des manufactures, puis enfin le Conseil supérieur des arts, du commerce et de l'industrie.

A défaut du pouvoir, la nature même des choses eût rétabli l'association parmi les patrons. Leur petit nombre, l'identité de leurs intérêts, la fréquence et la facilité de leurs rapports, la multiplicité de leurs transactions, tout cela devait forcément établir entre eux une entente qui ne pouvait être autre chose qu'une association de fait. Et cette association de fait, depuis la naissance de la grande industrie, depuis ses progrès si rapides de nos jours, elle est devenue le plus souvent une association de droit : qu'est-ce, en effet, qu'un établissement soutenu par des commanditaires ou des actionnaires? qu'est-ce qu'une compagnie de chemins de fer, par exemple, sinon une association de patrons?

Les patrons jouissent donc des avantages de l'association : ils y puisent une force qu'individuellement ils ne sauraient avoir. Qu'un mécanicien, par exemple, soit renvoyé comme gréviste d'une compagnie de chemin de fer, toutes les autres compagnies sont prévenues et le repoussent; qu'un ouvrier des ardoisières de Maine-et-Loire sorte d'un atelier, un autre atelier ne s'ouvre pour lui qu'avec l'assentiment de son ancien patron, car les patrons ont institué un syndicat, et « cet état de choses, dit le rapport de M. Ducarre, les fait juges absolus des ouvriers, maîtres de leur sort, et donne lieu à des récriminations très-vives qui menacent de devenir un danger. »

§

Cela peut devenir un danger, parce que les ouvriers n'ont pas eu, comme les patrons, la possibilité de reconquérir le droit d'association.

La loi de 1791 brisa violemment tous les liens qui les unissaient naguère ; elle ouvrit leurs ateliers à de nouveaux venus dont le nombre et l'ignorance firent aussitôt baisser le prix et la qualité de la main-d'œuvre ; elle les livra sans défense à la misère, accrue bientôt par la discorde politique, et que les tribuns du temps exploitèrent sans pouvoir jamais y porter remède.

Puis, quand des jours meilleurs se furent enfin levés, quand les ouvriers cherchèrent à se rejoindre et à se concerter pour obtenir une rémunération équitable, le gouvernement de la République ne le leur permit pas. Un arrêté du 2 septembre 1796 alla jusqu'à leur interdire d'observer entre eux des usages contraires à l'ordre public et de chômer des fêtes de coteries ou de confréries, etc.

L'Empire renchérit sur la République ; il inventa le délit de *coalition*, que les articles 415 et 416 du Code pénal de 1810 définirent et frappèrent; il y joignit l'article 291 contre les associations non autorisées de plus de vingt personnes, article que le gouvernement de juillet devait compléter et aggraver par la loi du 10 avril 1839.

Il ne faut pas oublier les lois du premier Empire qui imposèrent aux ouvriers la nécessité du livret et conférèrent aux patrons la prépondérance que ceux-ci conservèrent jusqu'en 1848, dans la composition des Conseils de prud'hommes.

Tel est, esquissé à grands traits, le régime d'isolement dans lequel les ouvriers furent placés par la Révolution et par l'Empire pendant les premières années de ce siècle, régime constamment en vigueur, constamment maintenu par les tribunaux, constamment défendu dans les assemblées législatives et dont M. Ducarre vient de faire une dernière et si chaleureuse apologie.

§

Et cet isolement légal, que de circonstances vinrent encore le rendre plus complet et plus lourd! On sait ce qu'était, avant les chemins de fer, la difficulté des transports. Les ouvriers ne pouvaient guère s'éloigner du lieu de leur naissance. Ils étaient obligés de vivre là où le sort les avait attachés sans pouvoir aller chercher ailleurs des moyens d'existence, de s'y contenter de ceux qui leur étaient offerts, de s'en remettre à la discrétion des chefs de l'industrie locale. Et quand ils auraient pu se déplacer, comment en auraient-ils compris l'opportunité? Comment auraient-ils su qu'à tel moment, en telle ville, la demande du genre de travail qu'ils pouvaient fournir était supérieure à l'offre qui en était faite, et que par conséquent ils pouvaient s'y rendre en paix et en sécurité? Est-ce qu'ils n'étaient pas liés au sol natal plus encore par leur ignorance que par la difficulté d'en sortir? De quels moyens d'information disposaient-ils? Qui s'occupait d'eux? Quel journal venait jusqu'à eux? S'il en était venu, auraient-ils pu seulement le lire? Toutes les conditions matérielles de leur existence concouraient à les isoler de plus en plus les uns des autres et du reste de la société.

Et cet isolement se faisait d'autant plus sentir que les patrons usaient davantage des bienfaits de l'association, dont la loi, aussi bien que la coutume, leur permettait de profiter.

Il y avait donc là deux situations entièrement différentes ; chaque jour voyait en augmenter le contraste, qui ne pouvait manquer de troubler enfin l'harmonie du monde industriel.

§

Sans doute l'harmonie du monde industriel repose d'abord sur l'accomplissement des devoirs réciproques que leur situation respective dans la société impose aux patrons comme aux ouvriers. Ces devoirs, aucune loi positive ne les sanctionne sous le régime de la liberté du travail, mais la conscience les proclame et la science les déclare nécessaires. Ils forment le lien moral qui doit unir les âmes pour que le lien civil puisse utilement grouper les intérêts.

Mais ce lien civil lui-même est également nécessaire, et pour qu'il soit assez fort, il faut qu'il établisse entre les intérêts un accord fondé sur la justice et sur la liberté. Quelle est la nature du contrat civil qui intervient entre les patrons et les ouvriers ? Le Code l'appelle *louage d'industrie* ; l'économie politique, *vente du travail*. Au fond, l'idée est la même. Sous la réserve des devoirs moraux qui règlent les relations sociales, le travail, pris en lui-même et dans son objet matériel, doit être considéré comme une richesse que l'ouvrier crée spontanément, comme un produit dont il dispose, comme une marchandise qu'il échange contre un salaire. Mais entendons-nous, le *travail* et non le *travailleur* ! Sous le régime de l'esclavage, c'est le travailleur qui est une marchandise, c'est lui dont on trafique, c'est lui dont on abuse. Sous le régime introduit dans le monde par le christianisme, sous le régime de la liberté, ce n'est pas le travailleur, c'est le travail qui est une marchandise; le travail, c'est-à-dire la richesse créée par l'effort libre et la volonté souveraine du travailleur. L'ouvrier, qui vend ou qui loue sa main-d'œuvre, comme le poëte son poëme, comme l'avocat son éloquence, n'est pas plus une marchandise que l'avocat ou le poëte.

Or, suivant les lois économiques, le louage ou la vente du travail est un trafic soumis aux mêmes régles que n'importe quel autre trafic. Pour qu'il soit équitable, il est nécessaire que ceux qui veulent vendre leur travail jouissent de la même liberté que ceux qui veulent l'acheter, et, réciproquement, que ceux qui veulent l'acheter jouissent de la même liberté que ceux qui veulent le vendre. Lorsqu'il en est ainsi, le marché est libre et la valeur du travail se trouve fixée par l'inflexible mais impartiale règle de l'offre et de la demande.

Or, les lois et les circonstances que nous venons d'énumérer, ont fait aux ouvriers français une situation telle, qu'ils n'ont pu jouir sur le marché, eux vendeurs de travail, de la même liberté que les patrons, acheteurs de ce même travail.

Ils se sont vus forcés de livrer leur travail au jour le jour, dans des places déterminées, à des conditions qu'ils n'étaient pas les maîtres de débattre, et sans pouvoir, à moins de commettre un délit, se concerter entre eux pour en établir la valeur. Ils ont été tenus de le vendre de cette façon ou de ne pas le vendre, c'est-à-dire de le vendre à discrétion, ou de mourir de faim. Ils ont vu de la sorte le jeu de la loi de l'offre et de la demande être faussé et leur salaire tomber à ce *minimum* dont nous parlions plus haut, à ce *minimum* au-dessous duquel il n'y aurait plus de travail, parce que le travailleur n'aurait plus d'intérêt à travailler.

Les patrons ont usé de leurs avantages; sans doute ils ont eux-mêmes obéi aux nécessités de la concurrence qui les obligeait, sous peine de ne pouvoir écouler leurs produits, à payer la mains-d'œuvre au plus bas prix possible; si quelques-uns, principalement dans la grande industrie, ont consacré une partie de leurs bénéfices au bien-être de leurs ouvriers, la plupart n'ont pas su désarmer la rigueur d'une loi économique dont ils profitaient, tout en étant, dans une certaine mesure, contraints de s'y soumettre. En tout cas la bienfaisance, si propice aux infortunes particulières, ne pouvait porter remède à un état aussi général, et rétablir entre les patrons et les ouvriers l'équilibre rompu par l'inégalité de la concurrence.

3

§

L'inégalité de la concurrence, voilà donc le premier effet de l'isolement dans lequel la loi de 1791 a placé les ouvriers, tout en leur octroyant la liberté du travail.

Les ouvriers, maîtres en principe de discuter librement les conditions du contrat, ont été livrés à la discrétion des patrons par l'impossibilité de connaître la situation du marché, de se concerter entre eux, et de refuser le prix qui leur était offert.

La loi de 1791 leur avait dit : « Entrez dans le champ clos de l'industrie et luttez en hommes libres ! » Mais, sur ce champ clos ils ont trouvé la concurrence qui les a forcés de combattre isolés et nus, contre des adversaires unis et bien armés.

Il en est résulté qu'ils ont dû accepter les conditions des patrons et se contenter de vivre au jour le jour, sans pouvoir le plus souvent songer à l'épargne, sans pouvoir trouver dans leur salaire une partie qui fut inutile aux nécessités matérielles de la vie.

§

L'isolement leur a fait cet autre mal, que n'ayant rien ou presque rien à donner à l'épargne, ils en ont perdu les *moyens* aussi bien que le *goût.*

Ceux que des circonstances exceptionnelles favorisent et qui parviennent à réunir quelque pécule, ne savent pas comment l'employer. S'ils portent leurs vues au-delà de la caisse d'épargne et de la société de secours, s'ils ne se contentent pas de mettre de côté quelque argent pour faire face à la maladie ou bien au chômage, s'ils veulent enfin se constituer un patrimoine, se créer un capital productif, les voilà sans conseil, sans appui, sans expérience, seuls au milieu du monde financier, et la proie désignée des faiseurs et des escrocs. Les affaires véreuses, répertoire ordinaire de la police correctionnelle, n'ont d'autre aliment que les petits capitaux, rare et modeste épargne de l'ouvrier.

Ces conseils, cette assistance fraternelle, les ouvriers les auraient trouvés dans la corporation. L'isolement les leur a fait perdre. Il les a privés de bien autre chose encore, non-seulement des moyens, mais du goût de l'épargne, mais de cette solidarité morale qui, fondant sur une mutuelle discipline les mœurs professionnelles, était comme la sauvegarde de la famille. Il y a longtemps déjà que les maîtres maçons disaient en réclamant le droit de s'associer que « l'homme qui tient à un corps craint beaucoup plus de se compromettre que l'homme isolé. » Faute de ce contrôle nécessaire, un ouvrier, délégué des horlogers à l'exposition de Vienne, peut dire aujourd'hui, non sans amertume : « Chacun veut son droit et tout le monde oublie son devoir ; tout le monde veut bien vivre, bien s'amuser, et ne pas beaucoup travailler. » Assurément cet honnête ouvrier se laisse emporter trop loin quand il ajoute

« qu'on a fait de la nation française une nation de viveurs, de jouisseurs, de matérialistes ; » mais n'est-il pas vrai qu'au sein des grandes villes surtout, l'ouvrier, libre de tout contrôle et de toute hiérarchie, abandonne son foyer, s'affranchit de ses devoirs et porte au cabaret ce qu'il doit à sa famille, de telle sorte que non-seulement son épargne, s'il en peut avoir, mais encore ce *minimum* nécessaire à sa subsistance que l'industrie lui mesure, est dévoré par ses vices avant de suffire à ses besoins ?

Donc il n'a plus le goût de l'épargne, il n'en a plus le moyen, il n'en a pas l'occasion ; il vit au jour le jour, oscillant du cabaret à l'hôpital ; il est malheureux, il est mécontent, et ne sachant à qui s'en prendre, il s'en prend à la société.

Mais les accusations qu'il formule ainsi contre elle sont aussi injustes que ses plaintes sont fondées.

CHAPITRE III.

LA QUESTION SOCIALE PEUT-ELLE ÊTRE RÉSOLUE ?

Les reproches de l'ouvrier à la société moderne, ses menaces cesseraient bien vite s'il pouvait arriver à l'épargne, et, par l'épargne, au capital, à la propriété.

Le Rapport-annexe de M. Favre nous en fournit la preuve :

« Les réponses au questionnaire, dit-il, signalent les excellents résultats obtenus toutes les fois qu'il a été possible d'attacher l'ouvrier au sol, de le fixer par la propriété. Des hommes jusqu'alors imprévoyants, de conduite irrégulière, sont devenus économes, excellents chefs de famille... La grande industrie a parfaitement compris cette vérité, indiscutable aujourd'hui. Je pourrais vous citer de nombreux exemples de compagnies houillères, métallurgiques, de manufactures, d'industriels qui ont établi des institutions pouvant faciliter à l'ouvrier l'acquisition du sol ou d'une habitation ; et toujours ou presque toujours la générosité des premiers sacrifices a été largement payée par l'accroissement, la régularité du travail, et surtout par la facilité des rapports communs. M. Rostand, propriétaire d'une tuilerie aux environs de Marseille, écrit qu'il n'a pas changé d'ouvriers depuis plusieurs années, et il ajoute : ils ont tous une maisonnette, un coin de terre, et ils ne cherchent pas dans les formules des rêveurs les moyens d'améliorer leur sort. »

Que le progrès réalisé chez M. Rostand, à la Grande-Combe, à Graissessac, à l'exemple de ce qui s'est fait depuis longtemps déjà à Mulhouse, se développe et s'étende ; que le sort privilégié des ouvriers de ces établissements devienne le sort commun à tous ; qu'à tous l'épargne soit possible et par l'épargne le capital ou la propriété foncière, nul en France ne cherchera plus dans les formules des rêveurs les moyens d'améliorer son sort.

Permettre à l'ouvrier d'accéder au capital et à la propriété, ce serait donc résoudre la QUESTION SOCIALE.

§

Est-ce possible ? est-il possible que l'expérience tentée dans certaines localités, et qui a réussi grâce au concours bienveillant de certains patrons, devienne générale et réussisse, non plus par l'effet de l'assistance privée, impuissante pour une telle réforme, mais par l'effet naturel et scientifique des lois économiques mieux comprises et mieux appliquées ? Encore une fois, est-ce possible ?

Le moins qu'on puisse faire, c'est de le rechercher. La commission parlementaire, désespérant de trouver le remède, a jugé bon de nier le mal. C'est un procédé simple, commode, mais tout à fait insuffisant. Quand on a déclaré solennellement « que les lois « actuelles, perfectibles comme toutes les « choses humaines, doivent être tenues au « courant, au niveau du progrès et de la « civilisation; » quand on a donné cette phrase sonore mais absolument banale pour toute conclusion à la grande enquête prescrite par l'Assemblée nationale, croit-on avoir répondu aux intentions de cette Assemblée, aux vœux du pays, à l'attente anxieuse de ces classes ouvrières qui souffrent très-réellement au sein de la société contemporaine qu'elles accusent très-injustement ?

§

La question n'est cependant pas nouvelle dans notre histoire ; nous l'avons déjà résolue une première fois.

A la fin du 18⁰ siècle la population rurale était dans une situation beaucoup plus précaire qu'à présent la population ouvrière. Attachés à la glèbe, sinon par la loi, du moins par la force des choses ; condamnés aux travaux des champs par les priviléges mêmes des corporations qui leur interdisaient l'exercice de toute autre profession manuelle ; ne pouvant jamais ou presque jamais devenir propriétaires des terres qu'ils cultivaient, plongés dans l'ignorance et presque dans la barbarie, les paysans témoignèrent de la haine qu'ils portaient à la société par les violences, les meurtres, les pillages, les incendies qui désolèrent les années 1790, 1791, 1792, comme leurs pères avaient fait au temps de la Jacquerie.

Ils forment maintenant le gros de l'armée conservatrice, sur laquelle la Société moderne s'appuie pour résister à ses ennemis.

C'est que la Société moderne, en les émancipant, leur a permis l'épargne, leur a partagé le sol de la France, et les a rendus conservateurs en leur donnant quelque chose à conserver.

Ne peut-on créer aujourd'hui la petite propriété industrielle comme on a créé après 1789 la petite propriété rurale, et *rendre les ouvriers conservateurs* EN LEUR DONNANT QUELQUE CHOSE A CONSERVER ?

C'est l'épargne, et l'épargne seule, qui peut donner à l'ouvrier ce quelque chose qui permettra de fonder la petite propriété industrielle.

Or l'épargne — en dehors des cas où des circonstances particulières et l'assistance privée viennent à son secours — lui est interdite dans l'état d'isolement où la loi de 1791 la placé en lui donnant la liberté.

Mais l'épargne lui deviendrait possible le jour où cet isolement cesserait et où la liberté d'association viendrait compléter pour lui la liberté du travail.

La question sociale peut donc être résolue par *l'association* pour la classe ouvrière comme elle l'a été par la division de la propriété pour la classe agricole.

§

Cette vérité scientifique, les hommes d'État l'ont sans cesse méconnue ; les économistes l'ont entrevue ; les ouvriers, dans leur bon sens, l'ont instinctivement comprise et affirmée.

Oui, depuis la Révolution, les ouvriers n'ont jamais perdu le sentiment de l'association. Il semble qu'une voix secrète n'ait cessé de leur dire que, pour eux, le progrès, le salut étaient dans l'association.

Mais faute d'entente, de direction, d'expérience, leurs efforts pour reconquérir le droit d'association sont longtemps demeurés stériles. Ils se sont trompés bien souvent, ils ont été trompés plus souvent encore, et le succès n'a répondu ni à leur patience ni à leurs sacrifices.

Ils ont été la proie des utopistes et des charlatans ; ils ont été poussés par les malfaiteurs politiques dans les sociétés secrètes, les émeutes et les proscriptions ; ils ont prodigué leur bien-être, leur liberté, leur vie ; ils n'ont jamais perdu leurs espérances et leur foi dans l'association.

Chemin faisant, dans cette odyssée douloureuse, ils ont réalisé quelques progrès. Au commencement du siècle, ils ont reconstitué leurs *compagnonnages* ;

Sous la Restauration, ils ont obtenu les *Caisses d'épargne* et les *Sociétés de secours mutuels* ;

En 1848, ils ont fondé leurs premières *sociétés coopératives* qui n'ont pas réussi, mais qui ont été un acheminement vers celles qu'ils ont reformées sous l'Empire dans des conditions plus favorables.

Enfin en 1864, ils ont obtenu la liberté des *coalitions* qu'ils devaient, hélas ! transformer aussitôt en liberté des *grèves*, à l'aide des trop fameuses *sociétés de résistance*.

§

Mais tous ces progrès partiels demeurèrent insuffisants, ou même devinrent funestes, en l'absence de la liberté d'association qu'on leur refusa, jusqu'au moment où, en 1867, la pensée leur vint et la permission leur fut donnée de fonder des Chambres syndicales.

A partir de ce jour, on a cru toucher au terme du voyage, entrevoir la terre promise de l'association.

Cette espérance est-elle fondée ? Dans quelle mesure ? Si elle se réalise, contiendra-t-elle en germe sinon la solution immédiate de la question sociale, du moins le moyen d'y arriver ?

La commission d'enquête ne le croit pas ; son rapporteur le conteste avec passion. Pour nous, recherchons-le sans parti pris, et voyons d'abord comment les ouvriers sont arrivés à l'idée des Chambres syndicales.

CHAPITRE IV.

COMMENT LES OUVRIERS ONT FONDÉ DES CHAMBRES SYNDICALES POUR RÉSOUDRE LA QUESTION SOCIALE A L'AIDE DE L'ASSOCIATION.

Ce fut en l'année 1867, au sein de la Commission ouvrière instituée près de l'Exposition universelle, que se fit jour la pensée d'établir dans chaque corps d'état une chambre syndicale chargée de défendre les intérêts collectifs des ouvriers et de rechercher les moyens d'améliorer leur condition. Tous les délégués l'accueillirent, tous les rapports la formulèrent. Déjà même quelques corporations, avaient pris les devants et fondé dans leur sein des comités chargés « de régler à l'amiables autant que possible, les différends qui pourraient surgir entre patrons et ouvriers, afin d'éviter les grèves, et de prendre l'initiative des mesures et des réformes qui pourraient aider au progrès, à la prospérité et au développement du travail et du bien-être de l'ouvrier, en respectant toujours les principes de liberté et d'égalité qui servent de base au régime économique de la société française (1). »

(1) Statuts de la société des cordonniers.

Les cordonniers, les typographes et les ouvriers du bâtiment avaient donné cet exemple.

Ils avaient eux-mêmes suivi celui des patrons de toutes professions qui à cette époque avaient fondé des chambres syndicales au nombre d'une centaine environ. Ces chambres, dont quelques-unes étaient déjà fort anciennes, formaient plusieurs groupes, (*Union nationale, Comité central, Groupe de la Sainte-Chapelle*), disposaient de ressources considérables et rendaient à l'industrie parisienne de signalés services, soit comme arbitres désignés par le tribunal de commerce, soit comme représentants des intérêts généraux.

La commission ouvrière de l'Exposition de 1867 ne pouvait méconnaître cette organisation nouvelle. Elle y vit tout d'abord un instrument favorable au développement du crédit ouvrier et du travail coopératif ; elle y vit aussi pour la classe ouvrière le principe d'une réforme intellectuelle et morale. Après avoir consacré plusieurs séances à l'examen de la question, elle rédigea pour M. le ministre du commerce un mémoire dans lequel elle résuma et compléta les vues des fondateurs des premières chambres syndicales.

« Ces chambres, disait-elle, composées d'un certain nombre de syndics nommés par le suffrage de tous les ouvriers de chaque profession qui voudront être représentés dans la chambre syndicale, auraient pour mission :

« De préparer par tous les moyens la conciliation des patrons et des ouvriers en sauvegardant les intérêts de tous. Ce résultat tant désiré ne peut être atteint que si les syndicats ouvriers acquièrent, par le concours de l'administration, une force morale égale et une existence aussi assurée que celle des syndicats des patrons, soutenus par des capitaux et consacrés par la confiance du tribunal de commerce qui leur renvoie les expertises. Les services que ces syndicats pourraient rendre en outre à notre industrie nationale et à tous les travailleurs peuvent se résumer ainsi :

« Resserrer les liens de solidarité entre les travailleurs de chaque profession en les intéressant à toutes les améliorations qui peuvent sembler utiles aux syndicats;

« Provoquer l'organisation de toutes les assurances contre le chômage, la maladie, les infirmités et la vieillesse ;

« Eviter tout acte de pouvoir qui pourrait gêner la liberté et l'initiative individuelle ;

« Surveiller paternellement l'exécution des contrats d'apprentissage, afin de mettre les parents en garde contre certains industriels qui font métier de prendre des apprentis et qui ne donnent à l'industrie que des ouvriers incomplets et incapables de se faire vivre ;

« Provoquer la formation des sociétés coopératives de production et autres ;

« Préparer des associés par l'étude publique des lois, règlements et statuts relatifs à ces sociétés ;

« Recueillir avec soin tous les moyens employés avec le plus de succès dans la fabrication, et vulgariser les meilleures manières de faire, afin de développer l'intelligence et les connaissances industrielles des travailleurs au profit de l'industrie nationale ;

« Recueillir les inventions et les perfectionnements opérés dans chaque industrie ; concourir à la garantie de la jouissance des brevets obtenus par les ouvriers ;

« Provoquer, organiser, s'il le faut, l'enseignement professionnel et mutuel par voie de conférences ou de cours pratiques faits par des ouvriers choisis dans chaque profession et complétés par des cours théoriques faits par des hommes de science ;

« Enfin fournir aux conseils de prud'hommes des experts, arbitres les plus naturels et les plus compétents, qui puissent suppléer à l'insuffisance numérique des conseillers et à leur incompétence industrielle ; ces experts devraient être rétribués, mais simplement avec des jetons de vacation. »

§

M. Devinck fut chargé de transmettre au gouvernement le vœu de la commission ouvrière. Tout en écartant ce qui pouvait paraître chimérique ou exagéré dans l'expression de ce vœu, M. Devinck saisit à merveille ce qu'il renfermait de favorable à l'éducation et à la moralisation des classes laborieuses, aussi bien que de propice à l'apaisement des conflits dont la loi sur les coalitions avait révélé l'existence.

« Les délégations ouvrières déclarent, dit-il dans son rapport à l'empereur, que la création des syndicats serait un moyen d'éviter la grève, véritable plaie de l'industrie, qui frappe les ouvriers encore plus que les patrons.

« Dans leur pensée, lorsqu'une difficulté s'élèverait, il faudrait procéder par voie de conciliation, et la chambre syndicale de la profession se mettrait en rapport avec celle des patrons.

« Les ouvriers ajoutent que ces derniers ont établis des chambres syndicales, et qu'ils désirent jouir des mêmes avantages.

» La demande me paraît fondée ; en voici les motifs :

« Un certain nombre d'ouvriers, mécontents des conditions offertes à la main-d'œuvre, peuvent être entraînés par quelques-uns d'entre eux, qui se disent ou se croient autorisés à parler au nom de tous. D'un autre côté, ces individus ne sont, à l'égard des patrons, que des représentants insuffisants, n'ayant auprès de leurs camarades qu'une influence relative. De part et d'autre il ne peut y avoir une confiance absolue dans les personnes qui viennent ainsi s'interposer.

« Une chambre syndicale présente des avantages incontestables. Des hommes choisis comme les plus capables avant la naissance de la difficulté, agissant ouvertement, tenus de rendre compte de leur mandat, offrent bien plus de garanties que d'autres désignés précipitamment au moment de l'effervesence, se concertant en secret et n'encourant aucune responsabilité morale.

« Mais si les syndicats peuvent produire de bons effets, c'est à la condition de ne porter aucune atteinte à la liberté, ni à celle du patron ni à celle de l'ouvrier ; c'est une voie facultative à ouvrir, et non pas une obligation à imposer. Chacun doit être libre de contracter directement, avoir la faculté d'entrer dans une chambre syndicale ou de rester en dehors de toute réunion.

« Les syndicats se formeraient, se réglementeraient eux-mêmes comme ils le jugeraient convenable, et probablement les faits qui s'y passeraient auraient une grande analogie avec ceux qui ont eu lieu dans les réunions des délégations de l'Exposition.

« En examinant en commun les procédés qu'on

emploie, les inconvénients qu'on rencontre dans leur application ou les avantages qu'on en retire ; en recherchant les moyens de se secourir mutuellement dans les cas de maladie ou d'infirmité, on travaille évidemment au progrès de l'industrie et à l'amélioration de la société.

« Les chambres syndicales peuvent en outre permettre aux ouvriers de propager le savoir pratique qu'ils possèdent, et qui est aujourd'hui retenu dans un cercle trop personnel. »

Après l'Exposition universelle, ce travail fut transmis à M. de Forcade, ministre du commerce. Celui-ci le soumit à une commission consultative composée d'hommes éminents, et y fit, quelques semaines plus tard, dans son rapport à l'empereur, la réponse suivante, avec l'aprobation presque unanime des membres de la commission qu'il avait consultée :

« Les vœux exprimés par les délégués au sujet des chambres syndicales ont reçu, dans ces derniers temps, la satisfaction que comporte l'état de la législation, et les règles appliquées aux syndicats de patrons ont été étendues aux syndicats d'ouvriers. Les lois sur la matière remontent à l'époque où l'Assemblée constituante venait d'abolir les corporations et les priviléges dont elles étaient investies. Elles contiennent des dispositions sévères, qui s'expliquent par la nécessité d'empêcher les abus qui s'étaient produits sous l'ancien régime et avaient porté une grave atteinte à la liberté du commerce et de l'industrie. Mais, plus on s'est éloigné de ces abus, plus l'administration a été amenée à montrer de mesure dans l'application de la loi à l'égard des réunions industrielles ou commerciales formées par des fabricants ou des négociants honorables. La loi ne reconnaît encore aujourdhui d'autres chambres syndicales que celles qui ont pour fonctions de régler la discipline de certaines professions spéciales, telles que les professions d'agent de change et de courtier. Elle n'admet, pour représenter officiellement les intérêts commerciaux et industriels, que les chambres de commerce et les chambres consultatives des arts et manufactures. Mais depuis un certain nombre d'années, la formation de chambres syndicales libres est entrée dans les usages de l'industrie parisienne. Le commerce des vins, les industries qui se rattachent à la construction des maisons et aux entreprises des travaux publics, celles qui ont pour objet la fabrication ou la vente des tissus, ont établi des syndicats d'origine déjà fort ancienne. Le nombre en a beaucoup augmenté depuis plusieurs années, et on en compte aujourd'hui plus de quatre-vingts à Paris.

« L'administration est restée étrangère à la formation et au développement des chambres syndicales ; mais il est arrivé que le tribunal de commerce leur a confié la mission de donner leur avis sur des affaires contentieuses ou de les régler par voie amiable.

« Les raisons de justice et d'égalité invoquées par les délégations ouvrières pour former à leur tour des réunions analogues à celles des patrons ont paru dignes d'être prises en considération, et, conformément aux intentions de Votre Majesté, des ouvriers de plusieurs professions ont pu se réunir librement et discuter les conditions de leurs syndicats.

« En adoptant les mêmes règles pour les ouvriers que pour les patrons, l'administration n'aura pas à intervenir dans la formation des chambres syndicales. Elle ne sera amenée à les interdire que si, contrairement aux principes posés par l'Assemblée constituante dans la loi du 17 juin 1791, les chambres syndicales venaient à porter atteinte à la liberté du commerce et de l'industrie, ou si elles s'éloignaient de leur but pour devenir, à un degré quelconque, des réunions politiques non autorisées par la loi. Mais les ouvriers seront les premiers à comprendre que leur intérêt même est engagé à maintenir le caractère purement professionnel de leurs réunions. »

Quelle réponse plus favorable pouvait-on espérer ? Le gouvernement refusait avec raison le concours de l'administration, qu'on est assez étonné d'ailleurs de voir solliciter dans le rapport de la commission ouvrière ; il n'avait pas de motifs pour l'accorder aux ouvriers plus qu'aux patrons ; mais il consentait à ce que l'expérience de cette institution nouvelle se fît en pleine liberté pour les ouvriers comme pour les patrons, ne réservant les sévérités de la loi qu'aux écarts politiques dont cette expérience pourrait devenir le prétexte. C'était accorder aux ouvriers la liberté d'association dans la mesure où les patrons avait su la conquérir pacifiquement, et leur permettre de s'en rendre dignes par leur sagesse et leur persévérance. Pourquoi cette mesure n'a-t-elle pas précédé de plusieurs années les lois qui ont si soudainement modifié notre régime économique ? Elle en eût été la préface nécessaire ; elle en eût prévenu les abus ; elle en eût assuré les bienfaits.

La commission ouvrière constitua tout de suite une commission d'initiative chargée de provoquer et de diriger la formation des syndicats ouvriers (mars 1868). Dans une circulaire répandue dans toutes les professions, cette dernière expliqua que la formation des syndicats avait pour but, non de faire revivre les anciennes corporations et d'entraver la liberté individuelle, mais d'organiser la classe ouvrière de manière à lui permettre de discuter utilement ses intérêts avec les chambres des patrons, d'éviter l'expédient désastreux des grèves, de surveiller les apprentis, d'établir l'enseignement professionnel, de fonder enfin toutes les institutions de prévoyance et d'assistance propres à développer le bien-être et la sécurité des ouvriers. « A cette école, dit la circulaire, les ouvriers apprendront à réorganiser le travail, à créer des sociétés coopératives de production, de consommation, de crédit... » — C'était le côté chimérique de l'entreprise. — Mais la circulaire était absolument dans le possible et dans le vrai quand elle ajoutait : « Les syndicats ouvriers auront l'immense avantage de développer les connaissances intellectuelles, morales et industrielles des travailleurs, tout en concourant à la garantie amiable des intérêts particuliers et généraux. »

Les ouvriers répondirent à cet appel. En l'espace de deux ans une cinquantaine de chambres syndicales furent établies dans diverses professions par l'initiative de la plupart des membres de la commission. Ces chambres annoncèrent hautement l'intention d'instruire, de relever, d'organiser la classe ouvrière, de lui donner plus de moralité, plus de bien-être, plus de sécurité, sans jeter le trouble dans l'industrie et dans les relations sociales, sans faire appel à l'expédient ruineux des grèves, et de l'amener progressivement, en lui facilitant l'épargne, à constituer la coopération qui lui permettrait de se soustraire au salariat.

§

Toutefois, malgré l'intelligence et le zèle des ouvriers d'élite qui voulaient ainsi conduire leurs compagnons dans la voie du progrès pacifique, ces premières tentatives n'eurent pas grand succès. La foule des ouvriers n'avait pas alors fait une expérience suffisante des misères de la grève, et croyait encore pouvoir réduire les patrons à merci ; elle se rangeait plus volontiers derrière les *sociétés de résistance* que derrière les chambres syndicales ; elle recevait le mot d'ordre de l'*Internationale*, transformée et dirigée par les disciples de Blanqui : ce mot d'ordre, colporté dans les réunions publiques, c'était la déclaration de guerre du communisme au capital, à la propriété, à l'ordre social tout entier.

La plupart des chambres syndicales fondées après l'Exposition de 1867 ne réussirent donc pas. Toutefois, celles qui survécurent résistèrent de leur mieux aux conseils des meneurs qui voulaient les transformer en agences de l'Internationale ; elles exercèrent une certaine influence sur la partie la plus honnête et la plus intelligente de la classe ouvrière, bien qu'ayant peu de crédit sur les masses et peu de ressources en elles-mêmes. Les événements de 1870 et de 1871 les précipitèrent avec les sociétés de résistance dans une ruine commune. Le travail fut interrompu ; les adhérents cessèrent d'apporter leurs cotisations, les syndics de se réunir. Là, comme ailleurs, la vie parut arrêtée.

§

Or il arriva que, la tempête passée, les chambres syndicales se reconstituèrent presque aussitôt, — et que les sociétés de résistance ne se relevèrent pas.

Il faut reconnaître en cela le bon sens populaire.

Pendant ce siècle d'épreuves, les ouvriers ont, en quelque sorte, fait eux-mêmes leur éducation ; ils ont profité — chose rare — des leçons de l'expérience.

Conservant, malgré les entraînements et les injonctions de la Révolution, l'instinct de l'association, ils la cherchent et la trouvent dans les compagnonnages, dans les sociétés de secours mutuels, dans les sociétés coopératives, dans les sociétés de résistance. Mais, en même temps et d'eux-mêmes, ils réforment les pratiques violentes et surannées des compagnonnages ; ils se tiennent sur la réserve vis-à-vis de l'Etat qui leur offre son appui ainsi que son contrôle pour les sociétés de secours mutuel ; ils renoncent à solliciter le même concours pour leurs sociétés coopératives ; ils abandonnent les utopies du socialisme autoritaire ; ils reconnaissent enfin que, pour la réforme sociale, il suffit du droit commun et de la liberté. Cette liberté qu'ils invoquent, ils en constatent eux-mêmes les abus dans les sociétés de résistance, instrutrument des grèves ; et enfin les voici dans les associations syndicales, cherchant à réaliser le progrès matériel et moral auquel ils aspirent, de la manière la plus légale et la plus pacifique. Quel chemin parcouru et malgré quels obstacles ! C'est ce qu'il faut considérer, toutes les fois que, se fiant à certaines apparences, on est tenté de douter du présent et de désespérer de l'avenir.

Examinons donc attentivement ces ASSOCIATIONS SYNDICALES, leur situation actuelle, leur programme, les services qu'on peut raisonnablement en attendre, et voyons s'il leur est possible de contribuer dans une mesure plus ou moins large à la solution de la QUESTION SOCIALE.

CHAPITRE V.

QUE LES CHAMBRES SYNDICALES OUVRIÈRES PEUVENT CONTRIBUER A RÉSOUDRE LA QUESTION SOCIALE.

Les *associations syndicales* ou *corporatives* sont des associations formées par plusieurs personnes exerçant la même profession, dans le but de pourvoir collectivement à leurs intérêts professionnels, ou même aux intérêts généraux du commerce et de l'industrie.

Les comités qui les dirigent prennent le nom de *chambres syndicales*, ou de *syndicats*.

Ces associations ne doivent être confondues ni avec les anciennes corporations, ni avec les sociétés de résistance.

Elles diffèrent des corporations, en ce sens qu'elles sont des sociétés ouvertes et libres, nées de l'initiative privée, ne s'imposant à personne, ne possédant ni monopole ni privilège d'aucune sorte, n'ayant aucun caractère officiel, n'empruntant aucun des attributs de la puissance publique.

Elles diffèrent des sociétés de résistance, en ce sens qu'elles embrassent d'une façon permanente tous les intérêts professionnels, tandis que celles-ci, uniquement formées dans le dessein de préparer et de soutenir les grèves, n'ont qu'une existence accidentelle et qu'un objet limité. Nous verrons plus tard que cet objet même ne rentre pas dans le programme des chambres syndicales, et que celles-ci, loin d'être établies pour la grève, sont expressément établies contre la grève.

Elles sont des institutions purement industrielles, fondées dans le dessein de pourvoir d'une manière permanente aux intérêts professionnels de ceux qui les composent.

Les associations syndicales peuvent réunir dans chaque corps d'état soit des patrons, soit des ouvriers, soit des patrons et des ouvriers.

Elles peuvent ne réunir qu'un certain nombre de patrons et qu'un certain nombre d'ouvriers. Plusieurs associations syndicales de chaque sorte peuvent s'établir dans le même corps d'état.

Il existe aujourd'hui des associations de patrons et des associations d'ouvriers ; ces associations ne comprennent qu'un certain nombre de patrons et d'ouvriers ; et sauf une ou deux exceptions, il ne se rencontre pas d'associations comprenant à la fois des patrons et des ouvriers.

Nous n'avons à nous occuper que des associations syndicales ouvrières.

Il en existe à Paris une soixantaine et ce nombre tend à s'augmenter. En face de chaque chambre de patrons, il se fonde une chambre d'ouvriers. Le mouvement syndical, un instant arrêté après les événements de 1871, soit par la crainte, soit par l'indifférence, soit par l'impossibilité de payer la cotisation nécessaire, s'est produit de nouveau dans ces dernières années. Il est certain qu'il s'est établi ou qu'il va s'établir dans un grand nombre de professions des chambres appelées à exercer sur leurs adhérents une influence considérable.

Il est cependant assez difficile de préciser le nombre de ces adhérents. Ce nombre est essentiellement mobile. En général, quand on propose de constituer une chambre, beaucoup d'ouvriers répondent à la première convocation ; ils sont moins nombreux à la seconde ; ils le sont moins encore quand il s'agit de verser une cotisation. De telle sorte qu'on peut estimer qu'au bout de quelque temps il ne reste dans l'association que le quart ou le cinquième de ceux qui semblaient devoir y adhérer. Mais il est juste d'ajouter que ceux qui restent sont des hommes sérieux, poursuivant un but utile et d'autant plus sûrs de l'atteindre qu'ils se sont débarrassés des importuns et des indifférents.

Au surplus le chiffre des adhérents aux associations syndicales est bien moins important à connaître que le chiffre même de ces associations. Celles-ci, une fois qu'elles se sont établies et qu'elles fonctionnent régulièrement, exercent à peu près la même influence sur leurs corps d'état, quel que soit le nombre de leurs membres effectifs. L'association possède en effet une sorte de vertu particulière qui lui subordonne, par cela seul qu'elle existe, les volontés et les influences individuelles. Tenons pour certain qu'aussitôt qu'il y aura dans un corps d'état une chambre syndicale sérieusement organisée, cette chambre en deviendra tout aussitôt le guide et le représentant ; derrière elle, comme derrière un chef naturel, se rangeront aux jours de crise tous les ouvriers, et ceux qui voudront traiter avec ces derniers de leurs intérêts communs la prendront pour intermédiaire.

Les associations syndicales ouvrières n'existent pas seulement à Paris. Il s'en forme tous les jours dans les départements. On en trouve un grand nombre à Bordeaux et à Lyon. Mais, dans cette dernière ville, ce sont plutôt des sociétés de résistance, affiliées à l'Internationale, et constituées dans un but politique. Les sociétés syndicales proprement dites sont peu en faveur parmi les Lyonnais.

§

A Paris, les ouvriers qui ont la pensée d'établir un syndicat parmi ceux de leur profession, prennent l'initiative d'une convocation qu'ils adressent à leurs camarades par la voie des journaux les plus répandus dans les ateliers.

Le rendez-vous est le plus souvent indiqué dans une salle que M. Cohadon met à leur disposition. Dans cette première réunion, les promoteurs exposent leur projet et font appel au concours de tous, après avoir invité ceux des assistants qui ne seraient pas de la profession à se retirer. En général, cette police mutuelle est exactement faite, et il est rare qu'il vienne à ces réunions d'autres personnes que les véritables intéressés. On procède ensuite à l'élection de quelques délégués chargés de préparer le règlement du futur syndicat. Ce travail préliminaire terminé, une seconde réunion a lieu, convoquée par les délégués. On procède de même pour éloigner les étrangers, on vote les statuts, on recueille les adhésions, on constitue le bureau définitif, et on remet à chaque adhérent le livret qui doit constater sa qualité de membre du syndicat et le versement de sa cotisation. Dès lors l'association fonctionne et se réunit conformément à son règlement.

§

Pour rédiger leurs statuts, les ouvriers s'adressaient d'abord à des juriconsultes. Mais aujourd'hui, soit qu'ils aient plus d'expérience, soit qu'ils se défient de conseils qui n'ont pas toujours été désintéressés, ils les rédigent eux-mêmes, et sur un modèle uniforme. Comme les patrons, ils nomment, en assemblée générale, une chambre syndicale qui les représente et les dirige. Seulement ils exercent sur cette chambre un contrôle beaucoup plus actif et plus direct, soit en limitant ses attributions, soit en l'obligeant à rendre compte de sa gestion dans des réunions générales tenues une ou deux fois par

mois, soit en la soumettant à de fréquentes
élections dans lesquelles les mêmes membres
ne sont pas rééligibles, soit en plaçant à côté
d'elle une commission de contrôle chargée
de surveiller ses comptes et ses actes.
Ce n'est pas seulement par un sentiment de
méfiance que pourraient justifier certaines
malversations dont ils ont été victimes, que
les ouvriers en agissent de la sorte avec leur
chambre ; ils craignent que quelques-uns
d'entre eux, en se perpétuant dans les fonctions syndicales, ne s'isolent du reste de leurs
camarades et n'usurpent une influence contraire au principe d'égalité. La même pensée
les empêche de nommer des présidents ; chaque membre de la chambre préside à tour de
rôle. Les adhérents payent une cotisation
dont le chiffre varie de 25 c. à 1 fr. par mois;
cette cotisation est recueillie par des percep-
teurs, et encaissée par un trésorier. Mais, le
plus souvent, celui-ci ne conserve qu'une
somme minime ; il doit placer le surplus, ce
qu'il ne fait pas sans difficulté, car les associations syndicales n'ont point de personnalité ci-
vile. En général, les placements sont au nom du
trésorier, qui dépose les titres entre les mains
d'un tiers. La chambre n'a sur les associés qu'une autorité toute morale et ne
peut même, sans le concours de l'assemblée générale, statuer ni sur leur admission,
ni sur leur radiation.

Les chambres ouvrières de Paris ont essayé,
à la fin de l'année 1872, de se réunir en *un
cercle de l'Union syndicale ouvrière*, établi
sur le modèle de l'*Union nationale du Com-*

merce et de l'Industrie ; mais, en présence de l'opposition du gouvernement, elles ont dû renoncer à ce projet et se contenter de former entre elles une société de crédit mutuel n'ayant, en apparence du moins, d'autre objet que le prêt gratuit. C'est, pour se réunir, un terrain bien étroit, où seules les questions de crédit peuvent être débattues. Ne pouvant obtenir tout ce qu'elles désirent, elles se contentent de cela, car elles redoutent de rester isolées les unes des autres et de voir naître entre elles des rivalités toujours funestes.

§

Il résulte de ce défaut d'entente que, si leur organisation intérieure est uniforme, parce qu'elle est établie sur un type commun, leur programme ne se ressemble pas toujours. Il est, en d'autres termes, plus ou moins étendu, suivant le degré « d'avancement » de chaque corporation, suivant ses ressources, suivant ses besoins. Toutefois, en réunissant des faits épars, il est possible de dégager la pensée qui préside à leur institution.

L'association ouvrière a pour objet, comme l'association patronale, de sauvegarder les intérêts professionnels des membres qui la composent. Chez les patrons ces intérêts sont multiples et d'égale importance : le prix de la main-d'œuvre est du nombre, mais il est loin d'être le seul ; on prétend même qu'il n'est qu'accessoire. Chez les ouvriers, au contraire, la rémunération du travail est l'intérêt capital, l'intérêt qui domine les autres, l'intérêt qui s'impose à leur continuelle sollicitude. Leur existence de chaque jour, l'éducation de leurs enfants, la sécurité de leur avenir dépendent du salaire qu'ils reçoivent et des économies qu'ils peuvent faire. C'est un intérêt moral aussi bien que matériel. Il est très-naturel et très-légitime, non qu'ils n'en aient point d'autres, mais qu'ils en fassent l'objet d'une vive et constante préoccupation. Ainsi, comme la plupart des autres associations ouvrières, l'association syndicale se propose d'abord de « maintenir les salaires à un taux rémunérateur et de les rapprocher le plus possible de la valeur réelle du travail. » Mais, tandis que les autres associations, nées de la coalition permanente ou accidentelle des ouvriers, n'emploient pour atteindre leur but que la pression et même la violence, cette dernière ne veut avoir recours qu'à des moyens avoués par la raison et la science économique ; elle désire donner au travail, comme à toute autre richesse, la faculté de se faire coter à sa valeur réelle, en plaçant sur le marché français ceux qui le vendent et ceux qui l'achètent dans une situation parfaitement égale ; elle désire ouvrir la *Bourse du travail*.

Il s'agit donc d'établir entre les ouvriers de chaque industrie une entente permanente et rationnelle qui leur permette d'étudier en commun toutes les questions qui se rattachent au salaire, non-seulement le prix de la main-d'œuvre, mais les conditions, le mode et la durée du travail ; d'écarter les solutions injustes ou prématurées ; de reconnaître celles qui sont équitables et nécessaires ; de les présenter avec toute la maturité que donnent l'expérience et l'étude, avec toute l'autorité que donnent l'accord et le nombre. Ils ne prétendent pas les imposer par la force, mais simplement les produire, les soutenir et les faire prévaloir en respectant les principes de la liberté industrielle, devant lesquels ils s'inclinent comme leurs patrons eux-mêmes ; ils veulent enfin se placer vis-à-vis de ceux auxquels ils vendent leur travail dans les conditions où ces derniers se placent eux-mêmes vis-à-vis de ceux auxquels ils vendent leurs produits.

Quelle pensée meilleure et plus salutaire ? Ne voit-on pas que si cette pensée se réalise, c'en est fait du déplorable expédient de la grève ?

L'idée de la grève est complètement abandonnée par les chambres syndicales de Paris. Elles savent combien la grève est funeste ; elles la repoussent sous toutes ses formes. Pour arriver à l'émancipation du travail, elles ne demandent et n'acceptent que le droit commun. Elles remplacent la grève par l'arbitrage ; si l'arbitrage ne réussit pas, elles se résignent à demeurer, jusqu'à nouvel ordre, dans leur situation première. Elles ne seront jamais des instruments de guerre, elles ne seront jamais que des instruments de conciliation et de progrès.

L'ARBITRAGE SUBSTITUÉ A LA GRÈVE, voilà donc le premier article du programme des chambres ouvrières ; non-seulement l'arbitrage appliqué à la solution des questions générales, mais aussi l'arbitrage employé pour résoudre les litiges particuliers, soit comme mode unique et principal, soit comme mode accessoire de la juridiction du Conseil des prud'hommes.

Le Conseil des prud'hommes est une institution justement populaire à Paris, parce qu'elle a rendu de grands services. Cependant on pense que, dans bien des cas, on pourrait se dispenser d'y recourir, et que les petits débats qui s'élèvent parfois entre les patrons et les ouvriers trouveraient une solution beaucoup plus prompte et moins coûteuse devant des commissions syndicales ; que, d'autre part, du grand nombre des industries parisiennes opposé au petit nombre des sections du Conseil des prud'hommes, il résulte souvent que ces derniers ne présentent pas les garanties d'expérience et de capacité qu'offriraient des arbitres spéciaux ; qu'en tout cas, si les chambres syndicales ne devaient pas se substituer à la juridiction des prud'hommes, elles pourraient du moins concourir soit à son exercice, soit à sa constitution ; que cette juridiction trouverait en effet chez elles des experts compétents pour examiner certains litiges et des électeurs éclairés, comme le tribunal de commerce en trouve au sein des chambres patronales. On pense enfin que les chambres syndicales peuvent offrir à leurs adhérents, justiciables de ces conseils et de ces tribunaux, des moyens de conciliation et des moyens de défense, les diriger et les aider dans la conduite de leurs affaires.

§

Si la question des salaires est la première inscrite au programme des chambres ouvrières, elle n'est assurément pas la seule. Ces chambres se préoccupent de former de bons ouvriers, qui d'ailleurs gagneront d'autant plus qu'ils seront plus instruits et mieux dirigés. Le placement des apprentis suivant leur aptitude et le désir de leurs parents ; le contrôle des contrats d'apprentissage, qui trop souvent, il faut le reconnaître, ne sont pas respectés par certains patrons ; le concours prêté à l'autorité pour l'exécution de la loi sur le travail des enfants ; l'organisation d'un enseignement professionnel pratique, complétant par la mise en œuvre des outils et des matériaux, l'enseignement théorique ; toutes ces questions figurent dans leur programme. Puis, après avoir donné à l'ouvrier toute sa valeur professionnelle, elles prétendent la lui conserver en combattant les procédés à l'aide desquels, dans certaines industries, on cherche, par économie, à le placer dans des conditions défavorables, procédés qui proviennent soit de la trop grande division du travail, soit de l'emploi inopportun des machines, soit de la substitution de l'apprenti et de la femme à l'ouvrier adulte. Mais à ce point de vue, leur tâche devient plus délicate et plus dangereuse ; si elles sont décidées à respecter la liberté des patrons, elles auront besoin de beaucoup de patience, de beaucoup de mesure, de beaucoup de savoir-faire, pour lutter pacifiquement contre des intérêts légitimes, mais souvent égoïstes et toujours opposés.

Ce n'est donc pas seulement l'éducation, c'est une sorte de tutelle professionnelle sur leurs intérêts moraux et matériels que les chambres ouvrières prétendent offrir à leurs adhérents. A cette partie de leur programme se rattache l'établissement de *bureaux de placement* qui dispenseraient les ouvriers de recourir à des intermédiaires onéreux, permettraient de contrôler et de garantir leur moralité, et donneraient aux patrons toute sécurité. De ces bureaux *aux bureaux coopératifs de marchandage* qui fonctionnent en Angleterre, la transition sans doute serait prompte et viendrait effacer toutes les causes de conflit entre patrons et ouvriers, bien plus sûrement encore que la pratique de l'arbitrage. Nous sommes ainsi ramenés à la question des salaires, et nous y touchons encore en rencontrant dans le programme des chambres syndicales les projets qu'elles préparent pour faciliter l'épargne : assistance en cas de maladie, de chômage ou de vieillesse ; établissement d'ateliers où seraient recueillis ceux qui ne trouveraient pas d'ouvrage ; création de magasins pour la vente et la réparation des outils, pour la vente des denrées de première nécessité ; assurance contre les risques professionnels ; toutes institutions excellentes et qui élargissent presque à l'infini le cercle de l'action syndicale.

§

Ce qui l'élargit plus encore, et sans doute, au delà du possible, c'est le dessein d'achever « l'émancipation du travailleur au moyen de la coopération. » Jusque-là le programme des chambres ouvrières semble accepter les conditions du régime industriel contemporain et n'avoir d'autre but que d'en tirer tous les avantages possibles. Mais la voici maintenant qui s'élève contre ce régime même et prépare sa transformation. La coopération doit, dit-on, supprimer tous les intermédiaires que l'industrie moderne place entre l'ouvrier et le consommateur, de manière à réserver au premier tout le bénéfice des entreprises. Cette idée, même après une expérience peu favorable, n'est pas abandonnée par les ouvriers de Paris. Tous n'y attachent pas la même importance, et tandis que les uns pensent encore y trouver une sorte de panacée, les autres n'y voient plus qu'un système d'une application restreinte à certaines industries et difficile même à généraliser parmi les ouvriers de ces industries. Mais, dans la pensée de tous, l'atelier coopératif dirigé par la chambre syndicale est un type industriel qu'il faut réaliser, afin de le faire adopter partout où il pourra l'être et d'y chercher la solution pacifique du problème de l'émancipation du travail. Ajoutons qu'il doit y avoir entre ces ateliers coopératifs et les anciennes sociétés coopératives cette différence importante, que d'une part ils doivent être placés sous une direction permanente, quoique toujours révocable, et que d'autre part les bénéfices doivent être répartis entre les associés au prorata de leur travail effectif. On espère ainsi constituer un capital ouvrier, contre lequel le capital patronal ne pourra pas lutter, les bras, sans lesquels tout capital demeure stérile, devant nécessairement se grouper dans le camp ouvrier et abandonner le camp patron.

Prétendre renouveler le monde à l'aide de la coopération, c'est assurément le côté chimérique du programme des Chambres ouvrières. Il repose sur une idée fausse. De ce que leur salaire est insuffisant, les ouvriers concluent que *le salariat est une forme moderne du servage*, et demandent à la coopération de les *émanciper*. C'est se tromper à la fois sur le mal et sur le remède. Celui qui vend son travail et qui en touche le prix, n'est pas plus en servitude s'il est ouvrier, que s'il est médecin, préfet ou juge. Tout travailleur est un salarié, alors même qu'il travaille pour son compte. En effet, quand il vend le produit de son travail, le prix qu'il en reçoit est un salaire, payant à la fois et la matière mise en œuvre et les efforts faits pour la façonner. Le système coopératif, d'ailleurs, n'a lui-même d'autre base que le salariat : il commence par assurer aux associés le prix de leur travail, qui, pour leur être payé par la société au lieu de l'être par le patron, ne leur en est pas moins payé. Il ne fait qu'ajouter à ce salaire la part de bénéfice qui d'ordinaire est réservée, soit à ceux qui ont fourni les outils et la matière première, soit aux intermédiaires qui débitent les produits fabriqués, de telle sorte que les associés sont à la fois commanditaires, producteurs et débitants. La question que l'application de ce système fait naître est celle de savoir si l'industrie peut se passer et de ceux qui lui fournissent ses aliments, et de ceux qui lui ouvrent ses débouchés. Que cela soit possible pour certaines entreprises et dans certaines circonstances, on peut l'admettre, quoique les expériences tentées jusqu'à ce jour n'aient pas été bien favorables. Mais que l'exception devienne la règle, et que la coopération soit l'unique régime de l'industrie, le bon sens se refuse à s'arrêter à cette idée et à y voir autre chose qu'une utopie fertile en déceptions.

Quoi qu'il en soit, les chambres syndicales peuvent poursuivre cette tentative à leurs risques et périls ; c'est assurément leur droit, et pour les en détourner, il doit suffire de leur propre expérience. Il est même possible qu'elles obtiennent, chemin faisant, des résultats partiels dont elles aient à se féliciter; que des ateliers coopératifs, surveillés et commandités par elles, composés d'hommes intelligents, honnêtes et laborieux, apprennent à la foule qu'on peut arriver, sinon à la fortune, du moins au bien-être, par le travail et par l'épargne. Ce serait d'un utile enseignement : si la foule n'était pas tentée, à l'exemple de l'*Internationale*, de voir dans ces ouvriers d'élite les aristocrates du travail, des gens formant un quatrième état, bons à proscrire comme les autres, elle les respecterait comme des instituteurs et des frères aînés.

Mais elle ne pourrait suivre la même voie, et ce qui serait possible pour quelques-uns ne le deviendrait pas pour tous. S'il faut voir dans la coopération une des formes très-légitimes de l'association, son application à l'industrie tout entière et sa puissance de transformation ne sont qu'une conception honnête et inoffensive, mais absolument arbitraire.

§

Il n'y a dans le monde industriel ni émancipation à désirer, ni révolution à accomplir. La seule chose à laquelle les ouvriers puissent prétendre, la seule chose à laquelle ils aient droit et la seule qui leur soit nécessaire, c'est de discuter librement, pacifiquement, comme tous les autres salariés, le prix de leur salaire, et c'est à quoi les chambres syndicales doivent les aider.

C'est par là que ces chambres peuvent concourir dans une large mesure à la solution de la question sociale.

En mettant un terme à l'isolement fatal dans lequel la loi de 1791 a placé les ouvriers pour permettre à ceux-ci d'user, comme les patrons, des ressources de l'association, elles assureront le jeu libre et sincère de la loi de l'offre et de la demande; elles rendront pacifique la lutte du capital contre le travail en la rendant égale et juste, ou pour mieux dire elles lui substitueront le libre commerce du travail. Aujourd'hui, pourquoi cette lutte entre le capital et le travail, entre les acheteurs et les vendeurs du travail? Si je veux fabriquer du drap, je dois me procurer de la laine, un outillage, de la main-d'œuvre. Celui qui me vend la matière première et les outils qui me sont nécessaires, discute et arrête librement avec moi les conditions du marché ; ni avant, ni après, il ne me considère comme son ennemi ; loin de là, il s'estime heureux d'avoir fait affaire avec moi et cherche à continuer les bonnes relations qui se sont établies entre nous. Pour la main-d'œuvre, les choses se passent autrement : si je loue les bras et l'industrie d'un ouvrier, tout d'abord il se méfie, il craint d'être trompé, il traite avec une arrière-pensée, et, souvent même, il n'exécute pas ses engagements ; il me considère comme un *exploiteur* et songe à me *supprimer*.

Pourquoi cette différence entre les conditions de ce marché et les conditions des deux autres? L'ouvrier n'est pas mon ennemi ; il n'y a pas entre nous diversité d'intérêts ; loin de là, son intérêt est de vendre comme mon intérêt est d'acheter le travail qu'il peut fournir. La raison, nous l'avons dit et nous le répétons, c'est que pour qu'un contrat soit juste et satisfaisant, il faut avant tout que les contractants jouissent d'une égale liberté ; que pour être libre il faut d'abord *être éclairé* ; et que dans les conditions actuelles, l'ouvrier n'a pas les lumières suffisantes pour déterminer la valeur de ce qu'il vend ; qu'il faut ensuite *avoir la possibilité de refuser*, et que souvent l'ouvrier ne le peut pas.

Les ouvriers n'ont donc pas aujourd'hui la même liberté que leurs patrons. La loi de l'offre et de la demande n'a qu'une influence fort contestable et en tout cas fort indirecte sur le prix du travail, qui n'est plus déterminé que par l'intensité des besoins des ouvriers.

Or voici les chambres syndicales : composées d'hommes intelligents, disposant de ressources collectives, elles vont apprécier d'après les circonstances la situation du marché, reconnaître la valeur exacte du travail, et, si les patrons la contestent, donner aux ouvriers les moyens d'obtenir satisfaction soit en agissant avec ensemble, soit en allant ailleurs chercher le prix qui leur est dû. Mais les patrons eux-mêmes ne se refuseront plus à accepter des conditions raisonnables. Pourquoi le feraient-ils, si ces conditions sont également acceptées par tous leurs concurrents et s'ils n'ont plus à craindre de payer la main-d'œuvre à un prix plus élevé que ceux-ci ? Persuadés, non sans motifs, qu'il n'est guère possible de suivre une négociation soit avec des ouvriers isolés, soit avec des ouvriers affiliés à des associations occultes ou violentes, dont rien ne garantit la loyauté ni l'influence, ils changeront d'attitude lorsqu'ils se trouveront en présence d'hommes autorisés à parler au nom d'une corporation, et le faisant avec mesure et convenance.

En assurant le jeu libre et honnête de la loi de l'offre et de la demande, les chambres syndicales obtiendront aux ouvriers un prix rémunérateur pour leur travail; elles leur permettront de consacrer à l'épargne une notable partie de leur salaire, ce qu'ils ne peuvent faire en vérité tant qu'ils ne gagnent qu'à peine de quoi pourvoir aux nécessités matérielles de leur vie.

§

De plus, les chambres syndicales rendront aux ouvriers le goût de l'épargne en les moralisant. Il est certain qu'elles rétabliront parmi eux un contrôle mutuel, une discipline fraternelle; qu'elles les arracheront au cabaret pour les ramener à l'atelier; qu'elles protégeront leurs familles et qu'elles les protégeront eux-mêmes contre des entraînements funestes auxquels ils ne cèdent que trop souvent. Les ouvriers, comme tous les hommes, sont de *race moutonnière;* ils ont aujourd'hui pour guides et pour modèles les plus turbulents, les plus bavards, les plus corrompus, ceux qui se nomment les *sublimes,* et qui trônent dans les mauvais lieux. Une fois les corporations organisées, ils choisiront bientôt pour guides et pour modèles les plus sensés, les plus intelligents et les meilleurs d'entre eux. On n'en saurait douter. En effet, quand ils délibèrent sérieusement, quand ils nomment des délégués pour une fonction quelconque, ils ne désignent pas les débauchés et les beaux parleurs ! On l'a bien vu par les choix qu'ils ont faits pour les délégations ouvrières aux diverses expositions. Celle de 1867 notamment était composée d'hommes d'élite. Or, ce que les ouvriers ont fait jusqu'ici pour des fonctions temporaires, à plus forte raison le feront-ils pour des fonctions permanentes.

L'association, c'est l'amendement, c'est l'amélioration, c'est le développement intellectuel de ceux qui la composent. En voulez-vous un exemple ? Voici le préambule d'une association d'ouvriers en fer, cité par l'auteur du livre le *Sublime* :

« La bonne tenue, l'ordre et l'intérêt d'une association exigent que tous les associés conviennent des règles à établir entre eux, pour la bonne exécution du travail, afin que chacun connaissant d'avance la fonction qu'il a à remplir s'en acquitte avec conscience et dévouement.

« Les règlements d'une association de travailleurs, librement acceptés par tous, ne sauraient être un obstacle à la liberté du citoyen. Chacun sait que l'activité, l'ordre et l'économie sont des conditions de la production à bon marché, et que celle-ci, dans une société bien ordonnée, est la source du bien-être de tous.

« Tous nos soins doivent tendre vers ce but, qui est celui-là même que nous nous proposons d'atteindre en associant nos efforts. Cependant, si le bien-être est le but que nous poursuivons, nous ne le cherchons pas seulement pour satisfaire aux besoins matériels de nos familles et de nous-mêmes, nous le désirons surtout pour arriver par lui au développement complet de nos facultés intellectuelles et morales, pour préparer nos fils à devenir des hommes libres et indépendants par leur travail et leurs connaissances, nos filles à devenir des épouses courageuses et dévouées, des mères tendres et éclairées. En conséquence, les règlements, tout en laissant à chaque associé la liberté complète de ses actes en dehors du travail, doivent cependant réprimer les faits qui seraient de nature à amoindrir la considération que doivent mériter l'association et chacun de ses membres.

« L'ivrognerie est le premier de tous les vices que doit proscrire l'association ; en ôtant la raison à l'homme, elle l'avilit, elle le dégrade et le rend indigne de l'estime de ses concitoyens. Les injures et la violence, en provoquant le désordre et les rixes, engendrent l'antipathie et la haine entre les concitoyens ; elles sont anti-sociales et attentatoires à la dignité de l'homme. Les paroles obscènes chez celui qui s'en sert habituellement sont une des sources les plus actives de démoralisation pour les jeunes gens, c'est un poison du cœur que tout père de famille doit écarter de ses enfants avec autant de soin qu'il en met à écarter le poison du corps.

« La paresse ne doit pas entrer dans l'association ; c'est le frelon qui vient dévorer le travail de l'ouvrier laborieux. Le paresseux doit être chassé de l'atelier comme le frelon de la ruche.

« L'insoumission à la loi commune menace les intérêts de tous. Si l'associé doit être libre comme citoyen, il doit savoir se soumettre à la discipline qu'exige le travail. La garantie de son indépendance est dans sa participation à la confection des règlements. Mais ceux-ci une fois adoptés, chacun doit s'y soumettre avec respect comme étant l'expression de sa propre volonté et de la volonté de tous. »

Et cette déclaration est suivie de nombreux articles frappant ceux dont la conduite serait de nature à compromettre l'honneur, la réputation, le crédit ou l'intérêt de la Société, avec une rigueur telle qu'aucun patron, si sévère et si fort qu'on l'imagine, n'oserait jamais avoir.

Eh bien ! ces principes, acceptés par une association ouvrière, inspireraient certainement les chambres syndicales et seraient appliqués par elles de manière à maintenir leurs adhérents fidèlement attachés à l'ordre, à la tempérance, à l'économie, et par conséquent à l'ÉPARGNE.

§

Enfin, n'est-il pas évident que ces chambres, non contentes de donner aux ouvriers la matière et le goût de l'épargne, leur en fourniraient les moyens ? Par les institutions de prévoyance et de crédit qu'elles fonderaient ou qu'elles patronneraient, elles leur permettraient de placer leurs économies avec sécurité et de les faire fructifier avec avantage, sans être désormais exposés aux entreprises perfides des agents d'affaires et des courtiers marrons. Par leurs bureaux de placements et dans une certaine mesure aussi par leurs ateliers corporatifs, elles les arracheraient aux dangers comme aux misères du chômage, tristes moments pendant lesquels se dissipent en pure perte les fruits laborieux de leurs économies.

§

Tout cela est possible et rien ne s'oppose à la réalisation de ces espérances. Voici donc le bien que doivent produire les chambres syndicales : elles peuvent dans une large mesure contribuer à la formation de l'épargne ouvrière, et par l'épargne, ainsi que nous l'avons dit, fonder la petite propriété, le petit capital industriel ; donner aux ouvriers, comme aux paysans, la place à laquelle ils sont en droit de prétendre au sein de la société moderne ; mettre par conséquent un terme à leurs plaintes et à leur mécontentement. Elles peuvent accomplir cette œuvre de justice et d'apaisement, qui préparera sans aucun doute la solution de ce problème redoutable qu'on nomme la *question sociale*.

Mais ne nous faisons pas d'illusions. Ce résultat auquel elles doivent conduire, elles ne peuvent aucunement l'atteindre en un jour et à elles seules. Nous ne prétendons pas trouver chez elles un remède infaillible, souverain, immédiat, au mal dont souffre le corps social. Ce serait pur charlatanisme. Oui, les progrès accomplis seront lents, laborieux, pénibles même ; ils seront traversés de bien des épreuves et de bien des mécomptes ; ils seront entravés par bien des préjugés, par bien des injustices ; ils ne seront possibles que si l'action des chambres syndicales est secondée par la bonne volonté, par la confiance de tous, dans un milieu favorable, à l'abri des passions violentes et des convoitises éhontées. Il faut pour cela que l'ordre politique ne soit pas troublé, que la paix soit assurée au dedans comme au dehors : une guerre, une insurrection peuvent, au moment d'atteindre le but, les faire reculer de vingt ans. Tout cela est vrai ; mais ce qui est vrai également, c'est qu'il y a dans l'institution des chambres syndicales un instrument de pacification et de progrès, qui doit, si les ouvriers savent s'en servir, et si les politiques le leur permettent, produire en un temps donné les meilleurs résultats.

Les ouvriers veulent s'en servir ; ils renoncent aux vieilles utopies condamnées par l'expérience ; ils ne demandent au gouvernement que la liberté d'agir, à la faveur du droit commun ; ils ne réclament ni priviléges, ni subvention, ni tutelle, ni mesures arbitraires et violentes ; et c'est un progrès moral immense, que les esprits les plus craintifs, les plus prévenus devraient constater avec bonheur. Qu'on rende à tous la liberté d'association, afin qu'eux-mêmes puissent en user, à leurs risques et périls, et sous leur propre responsabilité, tel est, en un mot, le programme qu'en dehors des violences et des divagations des meneurs politiques, les ouvriers, les vrais ouvriers, ceux qui composent les chambres syndicales ou suivent leur direction, formulent d'une voix unanime et espèrent faire accepter par le gouvernement.

Mais les politiques, et notamment ceux de la commisson d'enquête, quel accueil font-ils à ce programme ? Sans tenir compte de la sagesse du gouvernement qui depuis plusieurs années tolère ce que la loi ne lui permet pas d'autoriser, ni de l'état de l'opinion qui se préoccupe à juste titre des moyens de mettre un terme à l'antagonisme entre le capital et le travail, la commission d'enquête condamne et repousse avec une incroyable rigueur des vœux qu'elle n'a même pas voulu permettre aux intéressés de formuler à sa barre.

Elle a condamné les chambres syndicales sans les entendre ; elle n'a pas voulu de leurs représentants ; elle n'a prêté l'oreille qu'à leurs adversaires, ou bien à des personnages anonymes qu'elle a nommés leurs *avocats d'office*. Et cependant elle a consacré à leur constitution la plus grande partie de son Rapport, comme à la question dominante, à celle derrière laquelle toutes les autres s'effacent et de qui gouvernement et public doivent avant tout se préoccuper : involontaire hommage arraché à des juges dans lesquels on est à bon droit tenté de voir des adversaires !

Pourquoi cette hostilité ?

CHAPITRE VI.

DES MOTIFS QUE LA COMMISSION D'ENQUÊTE DE L'ASSEMBLÉE NATIONALE A DONNÉS POUR CONDAMNER LES CHAMBRES SYNDICALES.

Les motifs que la commission a donnés pour condamner les chambres syndicales ouvrières, ne sont pas à coup sûr ceux qui l'ont réellement déterminée. Ils n'expliquent suffisamment ni la sévérité de son jugement, ni surtout l'âpreté de son langage. Tels qu'ils sont formulés cependant, ces motifs doivent être examinés, puisqu'ils constituent l'opinion officiellement émise par une grande commission parlementaire.

Une affirmation quelque peu téméraire les domine. Le Rapporteur déclare que « tout intermédiaire, syndicat ou autres, ne fera que nuire à l'entente entre les ouvriers et les patrons, et augmenter les préventions et défiances des uns contre les autres. » Il ajoute que la grève a été la première forme de résistance, qu'elle est aujourd'hui abandonnée et remplacée par « une forme de *résistance perfectionnée* appelée le syndicat, » et il prétend que cette opinion est l'opinion des patrons.

De quels patrons veut-il parler ? Pour

nous, nous connaissons, pour l'avoir étudié dans le *Journal de l'Union nationale* et dans le *Recueil des Procès-Verbaux du Comité Central*, et pour l'avoir analysée dans le *Compte-rendu de l'enquête sur les Associations syndicales* de la Société d'Economie charitable (1), l'opinion de la grande majorité des patrons parisiens, et nous savons qu'elle est contraire à celle que M. Ducarre leur prête. Sans doute quelques esprits timorés et prévenus estiment encore que l'entente est impossible entre les chambres de patrons et celles d'ouvriers ; que ces chambres rivales seront ennemies ; que, représentant des intérêts opposés, elles chercheront à les faire prévaloir et par tous les moyens ; qu'après quelques pourparlers inutiles, elles armeront leurs adhérents les uns pour l'attaque, les autres pour la défense, et se feront une guerre d'autant plus désastreuse qu'elle sera mieux préparée et mieux conduite. Jusqu'à présent, disent-ils, la coalition n'était parmi les ouvriers qu'un mouvement accidentel et désordonné ; elle était par cela même facile à dominer. Eh bien ! c'est à cela que les chambres syndicales doivent porter remède ; leur seule et vraie mission c'est de discipliner la coalition.

Oui, quelques-uns ont eu cette pensée ; mais le grand nombre l'a formellement repoussée. La question examinée au sein du

______

(1) *Enquête sur les associations syndicales,* Compte rendu par M. Fernand Desportes, Paris, Leclère, 1874, 1 vol. in-8°.

Comité central, du Syndicat général, et dans les grandes réunions annuelles des chambres patronales, a toujours été résolue dans le sens contraire et le sentiment des patrons parisiens est clairement indiqué dans ces paroles que l'un d'eux faisait entendre naguère :

« L'entente des chambres syndicales de patrons et d'ouvriers fait partie des améliorations sociales nouvelles que nous cherchons à introduire dans nos mœurs... Entremêlons tous les membres de la société, et, de ce contact, il restera quelque chose de bon et de durable. Les uns connaîtront mieux le travail, et les autres apprendront à connaître le capital, représenté par le commerce et l'industrie ; tous deux valent mieux que l'autre ne le suppose. Il est impossible de nier qu'il y a antagonisme entre les diverses fractions de la société ! C'est un péril qu'il faut conjurer. Ce mal vient en partie de la difficulté qu'il y a de s'entendre à l'amiable, et de la raideur que chacune des parties met vis-à-vis de la partie adverse. Il faut donc, pour éviter les grèves et tous ces conflits qui entraînent avec eux la misère pour le travailleur, et souvent la ruine pour l'industriel, il faut, dis-je, arriver à ce que les intéressés discutent les questions qui les divisent, sans pour cela quitter l'atelier. Il faut pousser à la formation des chambres syndicales ouvrières qui viendront participer à la création des jurys de conciliation et d'arbitrage, où patrons et ouvriers seront représentés, et, par ce contact forcé, apprendront à se connaître et à s'apprécier mutuellement. *Si nous savons entrer dans cette voie, nous pouvons, je crois, dire, dès aujourd'hui, qu'avant peu, les différends au sujet des salaires et heures de travail seront presque toujours tranchés à l'amiable et que, dans un temps très-prochain, les grèves et les maux qu'elles entraînent avec elles auront disparu.* Non-seulement il est préférable, mais il est indispensable que les chambres syndicales ouvrières s'organisent régulièrement et fonctionnent comme les chambres syndicales de patrons, pour éviter ces associations occultes exploitées clandestinement par des chevaliers d'industrie, par des faiseurs. Et il y a lieu pour les chambres syndicales des patrons de se préoccuper dès à présent du mouvement qui s'opère. Il faut l'encourager, l'aider, et lorsque des chambres ouvrières seront organisées, les admettre toutes à discuter les choses intéressant les différents groupes, et cela chaque fois que surgira une question d'intérêt général (1). »

Mais ces patrons sont des patrons parisiens; et, pour l'honorable M. Ducarre, l'opinion de ces gens-là qui se sont eux-mêmes organisés en syndicat, est de peu d'importance..... Ce sont cependant les seuls qui aient eu une opinion à donner, puisque les chambres syndicales ne se sont guère organisées qu'à Paris; et les intérêts qu'ils représentent dans l'industrie nationale sont assez considérables, pour que leur avis ait quelque valeur.

N'insistons pas cependant; car, comme le dit M. Ducarre « reste l'opinion des ouvriers. » Veulent-ils, en organisant des chambres syndicales, organiser et discipliner la grève, ou bien la SUPPRIMER *en remplaçant la lutte violente et désordonnée par la discussion*

(1) Procès-verbaux de Comité central, t. VI, page 232.

libre et éclairée ? Pour savoir leur pensée, il ne fallait pas se contenter d'entendre leurs avocats d'office ; il fallait les entendre eux-mêmes. Pourquoi la commission ne l'a-t-elle pas fait ? Elle aurait recueilli des déclarations analogues à celles qu'une autre commission parlementaire, celle de la loi sur la coalition, a reçues le 8 février 1872 des délégués des ébénistes, des tailleurs et des ouvriers en papiers peints appelés dans son sein : « Le seul moyen d'éviter la formation des grèves, ont dit ces délégués, serait de constituer des syndicats d'ouvriers qui s'entendraient avec les syndicats des patrons pour juger les différends qui se produiraient entre patrons et ouvriers... »

Mais, à défaut des intéressés eux-mêmes, la commission pouvait consulter certains documents qui contiennent toute leur pensée. Nous voulons parler des rapports des délégués ouvriers à l'Exposition de Vienne. A l'égard de ces documents, l'honorable M. Ducarre ne pouvait prétexter d'ignorance, il les a analysés dans son travail ; seulement pourquoi n'en a-t-il cité que les passages relatifs à cette partie quelque peu chimérique des *aspirations ouvrières*, qui tend à supprimer le salariat et à lui substituer le travail coopératif ? A-t-il voulu soulever ainsi tous les patrons de la chambre et du pays ? La question n'était pas là. Sans doute les ouvriers ont une arrière-pensée ; ils entrevoient dans l'avenir une révolution ou plutôt une transformation sociale, et, s'ils embrassent aujourd'hui leurs patrons, c'est un peu dans la pensée de les étouffer demain. Mais qu'importe leur pensée, pourvu qu'ils les embrassent, pourvu qu'ils renoncent, ne ·fût-ce que provisoirement, aux querelles injustes et aux combats stériles ? Cette trêve leur permettra de se reconnaître et de comprendre que pour eux-mêmes la paix vaut mieux que la guerre. Si la pratique des affaires leur démontre que tous les intérêts peuvent se concilier, qu'il est possible d'arriver à des transactions équitables, ne seront-ils pas conduits par la force des choses à renoncer à leurs mauvais desseins et à transformer en un accord perpétuel le *modus vivendi* qu'ils auront d'abord accepté ? Ils le feront d'autant plus sûrement que les chambres syndicales, par leurs exemples et leurs services, par leur enseignement et leur discipline, les auront mieux préparés à comprendre les lois économiques qui régissent toutes les nations civilisées.

Or il est certain que quelles que soient les espérances et les idées d'avenir exprimées dans les rapports de la délégation, ces rapports sont unanimes à condamner la grève et à préconiser les moyens de discussion et d'entente amiable.

Ces sentiments trouvaient, il y a quelques mois, un interprète autorisé dans un des membres de la délégation de Vienne, M. Chabert, naguère candidat à la députation. En réponse à de violentes attaques contre le mouvement syndical, il écrivait dans un journal étranger :

« Bien qu'en principe il soit parfaitement établi que le droit de suspendre son travail appartient à l'ouvrier, il ne s'ensuit nullement qu'il doive le faire alors que cette suspension n'a d'autre effet que d'accroître sa misère et de rendre sa situation économique plus perplexe. Dans l'état actuel de notre industrie nationale, provoquer des grèves nous paraîtrait presque un crime, car ce serait ouvrir aux marchés étrangers les moyens d'accaparer à leur profit les débouchés dont nous avons le plus impérieux besoin. Pourquoi les chambres syndicales ouvrières n'auraient-elles pas l'influence morale nécessaire pour que, la question des *délégations mixtes* étant résolue, celle des grèves disparaisse ? Pour nous l'entente entre le capital et le travail doit être le but suprême à atteindre... Comme il est facile de constater que l'entente est bien près de s'établir sur ce terrain, nous serions coupables de ne pas accepter tous les moyens propres à faire cesser l'antagonisme. »

§

Qu'est-ce donc que ces *délégations mixtes* à l'aide desquelles les syndicats ouvriers ont l'ambition de rendre les grèves impossibles et d'apaiser les conflits généraux aussi bien que les débats particuliers ?

Ce sont des comités composés de membres délégués par les syndicats de patrons et par les syndicats d'ouvriers, et qui sont chargés soit d'une façon permanente, soit dans une circonstance déterminée, d'examiner et de résoudre les questions qui intéressent la corporation tout entière ou seulement quelques-uns de ses membres.

Or ces comités ne sont pas une conception purement arbitraire et spéculative : ils existent, ils fonctionnent, ils donnent d'excellents résultats, et il est au moins singulier que la commission d'enquête ait ignoré et passé sous silence un fait d'une importance aussi capitale.

Dans les quatre dernières années, des grèves ont été arrêtées par des délégations mixtes dans les corporations de la *bijouterie*, de l'*ébénisterie*, de la *marqueterie*, de la *passementerie*, et de la *dentelle*.

En juillet 1873, une conciliation a été obtenue, entre les fabricants de papiers peints et les ouvriers de cette industrie, par la médiation d'une commission semblable. « L'idée de terminer ainsi le différend, a dit M. Havart en rapportant ce fait au Comité central, avait probablement été inspirée par une réunion des ouvriers et des patrons, que j'avais provoquée et qui eut lieu le 28 février 1868. En tout cas ce précédent n'a pas dû être sans influence ; l'attitude digne et convenable des ouvriers dans cette première réunion n'a pu qu'engager les patrons à en tenter une seconde, avant de se résoudre aux graves inconvénients d'une grève devenue imminente. La Commission de juillet dernier, j'ai hâte de vous le dire, a eu le plus heureux succès : l'accord s'est établi dans des conditions telles, que deux des commissaires patrons m'ont dit que désormais les grèves seraient conjurées, si l'on avait le bon esprit d'avoir, en temps opportun, recours à une commission mixte d'arbitrage. Les délégués ouvriers, de l'aveu même des patrons, se sont montrés non-seulement très-convenables, mais encore très-conciliants et très-équitables. »

L'année suivante, les ouvriers en papiers ont fait un pas de plus. Ils ont proposé à leurs patrons d'établir un conseil mixte permanent, composé de cinq membres de chaque chambre, et chargé de juger les questions litigieuses qui intéressent soit la corporation en général, soit quelques-uns de ses membres. Ce conseil fonctionne depuis près de deux ans ; il a fait son règlement intérieur, il a concilié un certain nombre d'affaires ; il a pris une décision aux termes de laquelle patrons et ouvriers sont invités à se prévenir huit jours avant de se quitter ; il a réglé les mises à prix d'une façon satisfaisante pour tous. « Dans l'industrie des papiers peints, a dit M. Havart, président de la chambre syndicale des patrons, au congrès de la Société d'économie charitable, on convoque les ouvriers au commencement de chaque campagne pour fixer avec eux les mises à prix. Les difficultés que ces pourparlers soulevaient autrefois étaient très-grandes. On avait affaire à des résistances déclarées, et pour un oui, pour un non, la grève éclatait. Eh bien, depuis que nous avons demandé aux ouvriers du papier peint

d'élire parmi eux des délégués qui s'enten-
dissent avec les délégués de leurs patrons, il
n'est plus question de luttes ni de grèves ;
l'accord est si intime que, de l'aveu des patrons, les ouvriers cèdent toujours aux obser-
vations fondées et n'élèvent que des préten-
tions raisonnables. » Et le président du
conseil mixte, M. Gauthier Dreyfus, l'un des
doyens de l'industrie parisienne et du conseil
des prud'hommes, ajoutait : « Il est un fait
certain, c'est que pour les conflits de patrons
à ouvriers, les conseils mixtes offrent une
compétence plus réelle que les conseils de
prud'hommes, et que, pour les conflits de
groupe à groupe, ils auront, pour les apaiser,
une influence qui est tout à fait en dehors du
conseil des prud'hommes. »

L'exemple des ouvriers en papiers peints
n'a pas tardé à être suivi. Les ouvriers de la
maroquinerie et les ouvriers en *meubles* ont
demandé à établir dans leurs corporations
des conseils permanents. Ceux en *instruments de précision*, en *appareils de chauf-
fage*, les *tailleurs*, les *sculpteurs sur bois*,
les *fumistes*, les *tôliers*, les *tonneliers*, les
emballeurs, les *gantiers*, les *mécaniciens*,
ont tous annoncé à leurs patrons l'établissement de leurs chambres syndicales et
témoigné le désir d'entretenir avec eux des
relations amicales et suivies. En un mot, il
n'est guère de corps d'état où ce sentiment
ne se soit manifesté par des paroles formelles
et traduit par des faits.

Ces faits prouvent que de bons rapports,
des rapports utiles, peuvent et doivent s'éta-

blir entre tous les syndicats de patrons et tous les syndicats d'ouvriers, comme ils se sont établis déjà entre quelques-uns. Nul ne saurait admettre aujourd'hui qu'on doive recourir à la grève et aux moyens violents pour trancher les difficultés qui peuvent se présenter, avant d'avoir essayé de les résoudre à l'aide de la discussion libre et de la conciliation. Le rapprochement des chambres syndicales est un moyen facile et pratique de permettre cette discussion et d'obtenir cette conciliation. On doit donc y reconnaître dès à présent une cause aussi simple que puissante de pacification et d'harmonie sociale.

Assurément on ne saurait affirmer que l'accord se fera immédiatement et d'une manière satisfaisante pour tous. Les rapports entre patrons et ouvriers s'établiront plus ou moins vite, sous des formes et avec des résultats divers, suivant les diverses branches d'industrie. Ce qu'on peut .dès à présent affirmer, en se fondant non-seulement sur la logique, mais encore sur des faits acquis et constatés, c'est que grâce au temps, à l'expérience et à la bonne volonté de chacun, les rapports deviendront de plus en plus fréquents, intimes, efficaces ; que, si rien ne vient troubler l'ordre économique et bouleverser l'industrie, ils finiront par rétablir l'entente naturelle et nécessaire qui n'aurait jamais dû cesser d'exister entre les deux grands facteurs de la prospérité nationale : le capital et le travail.

§

Mais cette espérance dût-elle se réaliser, le rapporteur de la commission ne voudrait pas s'y arrêter. Ce serait, à son avis, l'acheter trop cher que de la payer par l'abandon de la liberté individuelle du travail, conséquence nécessaire du retour au régime des corporations.

Suivant M. Ducarre, en effet, l'établissement des chambres syndicales n'est pas autre chose. « Remettre, déléguer, confier à des collectivités le soin de régler, régir, sauvegarder, défendre les intérêts des travailleurs qu'on déclare trop faibles, trop isolés pour y pourvoir eux-mêmes sous le régime de la liberté individuelle ; exiger d'eux, en échange d'une protection dont l'utilité n'est rien moins que démontrée, l'obéissance absolue et passive, les condamner à un étroit servage; c'est leur donner, comme aux incapables, des tuteurs, des conseils judiciaires, c'est retarder l'heure de leur *émancipation*, de leur *liberté* ! Le programme aboutit à l'aliénation de la liberté et de l'initiative individuelle de chaque travailleur au profit de sa corporation administrée par un syndicat. »

Formulée dans des termes aussi violents, cette objection ne saurait être sérieuse. Entre les associations indépendantes que les patrons et les ouvriers ont établies depuis quelques années et les corporations de l'ancien régime, n'y a-t-il pas une différence capitale ? Ces

dernières étaient des associations privilégiées et fermées ; elles exerçaient un monopole, elles avaient une juridiction forcée,
elles constituaient enfin sous le contrôle du
gouvernement une institution publique. Les
syndicats, au contraire, sont des sociétés
ouvertes et libres, nées de l'initiative individuelle ; ils ne possèdent ni ne réclament de
monopole, de privilége d'aucune sorte ; ils
n'ont aucun caractère officiel; ils n'emprun-
tent aucun des attributs de la puissance
publique. Parmi ceux qui les ont fondés et
ceux qui les soutiennent, il est dérisoire en
vérité de chercher des partisans arriérés du
monopole et de la servitude, des ennemis de
la liberté.

Ah ! certes, si les partisans des syndicats
devaient aboutir à la suppression de la liberté
individuelle du travail, leurs intentions
seraient singulièrement trompées ! Loin de
vouloir détruire cette liberté, c'est pour la
défendre et la compléter qu'ils appellent à
son aide l'association comme une alliée
nécessaire. Ils pensent que, sans elle, sans
les garanties qu'elle lui donne, la liberté n'est
qu'un vain mot. L'association n'est pas seulement un droit pour l'homme, elle est l'expression d'une faculté de sa nature, essen-
tielle au mouvement de la vie sociale et dont
l'exercice est nécessaire à la liberté.

Mais, prenez garde, a-t-on dit, dans un
langage plus modéré et plus grave : les collectivités commencent par être des instruments de défense et finissent par être des
instruments d'oppression. Alors même qu'elles

se forment spontanément et qu'elles vivent à l'abri de toute influence gouvernementale, elles ont une puissance qui domine les forces individuelles et les paralyse ; cette puissance ne tarde pas à dégénérer en despotisme, malgré la bonne volonté, malgré les efforts de ceux-là mêmes qui veulent rester fidèles à la liberté. C'est la conséquence inévitable de cette tendance de l'esprit humain, de l'esprit français en particulier, qui porte les hommes à devenir d'autant plus intolérants qu'ils sont plus nombreux et plus unis. Cette tendance, comment les ouvriers pourraient-ils s'en défendre, eux chez qui la culture intellectuelle et morale est souvent incomplète ? On les verra donc, aussitôt formés en associations syndicales, imposer leurs lois à leurs camarades et ne reculer devant aucune violence pour réduire les dissidents.

Cette objection est-elle juste ?

Elle n'est en réalité qu'une application au régime industriel d'une trop fameuse doctrine, de celle qui, pour fonder la liberté moderne, prétend, depuis 1789, supprimer tous les intermédiaires entre les citoyens et l'État. Isoler l'*individu*, le doter de tous les droits qui peuvent lui appartenir et le mettre en présence de l'État, seul chargé de le protéger ou de le punir, tel est l'idéal que conçoit cette doctrine, et qu'elle voudrait nous faire accepter.

Pour que cet idéal pût être réalisé, il faudrait que l'État ne fût autre chose que l'image de la loi ; un être de raison, immuable, infaillible, omnipotent comme la Providence divine. Par malheur cet être de raison n'est qu'une conception purement chimérique. L'État, ce n'est pas la loi ; c'est toujours quelqu'un ou quelques-uns ; c'est le gouvernement chargé bien souvent de faire la loi, chargé toujours de l'appliquer, le gouvernement maître de toute la puissance publique, le gouvernement revêtu de toutes les imperfections, animé de toutes les passions des hommes qui le composent. De telle sorte que placer l'individu en contact direct avec l'État, c'est le livrer au gouvernement, que le gouvernement s'appelle la Convention nationale ou l'Empire ; c'est le placer dans une situation telle qu'il ne saurait être libre, quelle que soit la liberté dont la Constitution l'ait doté. Sans garanties, en effet, la liberté n'est qu'une pure fiction.

Où donc la liberté individuelle peut-elle trouver ces garanties nécessaires ? Nulle part ailleurs que dans l'association, laquelle, loin d'être son ennemie, la complète et la maintient.

Toutes les fois que depuis 1789 la liberté a pris quelque consistance pour devenir, dans une mesure quelconque, une réalité, elle ne l'a fait que grâce à l'association : la commune, association ; le département, association ; le collége électoral, association ; la presse elle-même, association d'idées et de capitaux. C'est l'association qui donne aux citoyens les moyens de contrôler les magistrats, et de mettre à leur action des bornes légitimes. A l'étendue de sa puissance se mesure celle de la liberté. De telle sorte que si l'association n'est pas la liberté, elle en est du moins la tutrice.

Ces principes, vrais dans l'ordre politique, peuvent-ils cesser de l'être dans l'ordre économique ?

Quoi ! l'association ne serait pas la tutrice, mais l'ennemie de la liberté du travail ?

Laisons les formules ; voyons les faits.

Celui qui écrit ces pages appartient depuis plus de vingt ans à l'ordre des avocats, plus voisin encore par ses traditions et ses règles des corporations de l'ancien régime que des syndicats modernes. L'exercice de la profession d'avocat constitue un privilége, et ce privilége impose à ceux qui en jouissent l'obligation de le soumettre à la juridiction d'un conseil de discipline, placé lui-même sous le contrôle de la cour d'appel. Eh bien ! celui qui écrit ces pages le déclare en toute sincérité : il ne s'est jamais senti gêné par l'autorité de ce conseil dans l'exercice de sa profession, ni dans la jouissance de sa liberté individuelle ; il ne se croit pas amoindri parce que une autorité supérieure maintient la règle et l'impose à ceux qui tentent à s'en écarter ; il a profité, sans rien perdre de ses droits, des avantages de l'association : assistance morale et matérielle, éducation profession- nelle, services communs, bibliothèque, etc. Il se sent plus fort pour l'accomplissement de ses devoirs, plus autorisé vis-à-vis du public quand il voit ce conseil, si ferme dans son respect pour la discipline, se montrer non moins jaloux des droits et des prérogatives de l'ordre. Il comprend que sans ce conseil sans l'influence qu'il exerce, sans l'autorité dont il jouit, les avocats ne seraient plus depuis bien longtemps que des commis d'audience ou des agents d'affaires. Pour eux, la liberté individuelle du travail loin d'être diminuée par l'association, s'en trouve au contraire complétée et fortifiée.

Pourquoi donc ce qui est vrai pour la profession d'avocat, et pour bien d'autres professions libérales, ne le serait-il pas pour les professions industrielles ?

A Paris, nous avons l'exemple des patrons. L'association syndicale a pris depuis quelques années une place considérable parmi eux. Elle a doté l'industrie d'un centre d'action, d'une véritable représentation ; elle s'est fait accepter par l'opinion ; elle s'est presque imposée au gouvernement. Eh bien ! M. Ducarre pourrait-il citer un patron, un seul, qui ait souffert de cet état de choses dans ses affaires, dans son crédit, dans son indépendance ; un seul qui voulant demeurer en dehors du mouvement syndical ait été placé par suite de son abstention dans une situation inférieure à celle qu'il occupait auparavant, un seul même qui ait été contraint, soit par les obsessions de ses confrères, soit par le souci de ses intérêts, de faire partie d'un groupe auquel il aurait préféré demeurer étranger ; un seul qui n'ait pu se retirer librement d'un tel groupe après y avoir adhéré ! Oui, que M. Ducarre veuille bien citer un seul exemple ! Que d'exemples contraires on peut dès à présent invoquer, et qu'il est facile de montrer les avantages que les patrons ont retiré de l'association, avantages de toute nature : dans l'ordre morale, les rivalités calmées, les cœurs unis, les intelligences éclairées ; dans l'ordre matériel, des institutions qui ne pouvaient être créées que par l'effort commun : institutions de prévoyance, d'enseignement, d'assistance mutuelle, moyens d'études, de publicité, de défense des intérêts collectifs, etc. Ce ne sont pas là des chimères, ce sont des bienfaits réels, des bienfaits que l'association ne répand pas seulement sur ceux qui savent user d'elle, mais encore sur ceux-là même qui lui résistent et la calomnient. Ces derniers ne profitent-ils pas des services rendus aux intérêts généraux du commerce? Lorsque, par exemple, les chambres syndicales, obtiennent l'établissement d'un entrepôt, ou créent un débouché nouveau, ne viennent-ils pas comme les autres recueillir des fruits que pourtant ils n'ont pas semés?

Là encore la liberté individuelle du travail, loin d'être gênée par l'association, est au contraire développée par elle.

N'en sera-t-il pas de même parmi les ouvriers? Non, répètent leurs adversaires. Les ouvriers ont fait leurs preuves, et par les crimes commis par les *Trade Unions* anglaises, et par les agissements des associations françaises. Que de violences morales et matérielles contre des compagnons qui prétendaient se soustraire à l'action des meneurs, combien ont été mis à l'*index* et réduits à la misère jusqu'à ce qu'ils aient cédé ! Si les chambres syndicales, récemment établies n'ont pas à se reprocher les mêmes méfaits que les sociétés de résistance, que les sociétés secrètes et les compagnonnages, c'est uniquement parce que le temps et l'occasion leur ont manqué. Ces méfaits ne sont pas le fruit de telle ou telle forme d'association, mais de l'association même qui rend les hommes intolérants et violents.

Cependant, répondrons-nous, si telle était l'influence de l'association, cette influence se produirait parmi les patrons aussi bien que parmi les ouvriers. Et pourtant au nombre de ceux qui croient l'association dangereuse pour les ouvriers, il est beaucoup de patrons qui la croient utile pour eux-mêmes ; il n'en est aucun qui puisse citer à la charge de ses confrères patrons des faits analogues à ceux qu'on invoque contre les ouvriers. Que faut-il en conclure ? C'est que ces faits ne sont pas la conséquence de l'association même, mais la conséquence de l'ignorance et du fanatisme de ceux qui la pratiquent. Les patrons associés ne commettent pas d'excès les uns contre les autres, parce que l'éducation, l'expérience, le sentiment de la justice les protégent contre leurs propres entraînements et les empêchent de se blesser eux-mêmes et de blesser les autres avec l'instrument puissant qu'ils savent manier. Que les ouvriers acquièrent cette éducation, cette expérience, ce sentiment de justice, et ils se serviront sans péril de ce même instrument. S'il a été jamais dangereux entre leurs mains, c'est qu'ils n'ont pas su s'en servir. Qu'un ignorant fasse éclater une machine, est-ce la faute de la machine ou celle de l'ignorant?

Eh bien! cette science de l'association qui manque aux ouvriers français, les chambres syndicales peuvent la leur donner. Composées d'hommes choisis par leur camarades, investis de leur confiance, habitués par la pratique des affaires à résister aux entraînements et aux violences, elles réussiront, non sans difficulté peut-être, à dompter les convoitises et à pacifier les passions aveugles. Les crimes qu'une foule commet à la voix de meneurs anonymes, elles n'y songe même pas quand elle est dirigée par des chefs connus et responsables.

Il en sera pour les ouvriers de même que pour les patrons. Leurs chambres ne réclameront ni investiture officielle, ni privilége légal, ni monopole industriel ; mais, chargées d'une juridiction toute volontaire, elles l'exerceront librement sur ceux qui l'auront acceptée, et la manière dont elles l'exerceront la rendra favorable à ceux-là mêmes qui n'auront pas voulu s'y soumettre.

Et d'ailleurs, s'il en était autrement, si l'autorité des chambres ouvrières devenait oppressive et dangereuse, est-ce que la loi, qui punit toute entreprise contre la liberté du travail, ne serait pas capable de les faire rentrer dans l'ordre ? Cette loi frappe les délits commis par les coalitions ; elle frapperait également les délits commis par les chambres syndicales ; elle les frapperait d'autant plus aisément que les chambres syndicales ne sauraient être protégées par l'anonyme dont s'e   ent les coalitions, fruits du hasar   lence.

Cependant, laissons de côté ces délits, ces crimes, qui peut-être appartiennent plus à la légende qu'à l'histoire. Examinons la question qui nous occupe au seul point de vue qui puisse présenter quelque difficulté : Serait-il vrai que les chambres syndicales ouvrières doivent entraver la liberté du travail en donnant à leurs adhérents des facilités, des ressources, un appui moral que n'auraient pas les autres ouvriers ? Ceux-ci ne pourraient-ils pas souffrir de leur isolement ? Si, par exemple, une chambre ouvrière établit un bureau de placement auquel les patrons consentent à s'adresser, l'ouvrier qui ne pourra pas ou ne voudra pas faire partie de l'association, ne se verra-t-il pas fermer des ateliers qui sans cela lui resteraient ouverts ? Si cette chambre établit un magasin pour la vente ou la réparation des outils, ne sera-t-il pas dans une situation inférieure à celle des camarades qui pourront s'adresser à ce magasin ?

C'est incontestable ; mais celui qui préfère voyager en patache, peut-il demander qu'on supprime les chemins de fer ? Cependant il est certain que sa patache sera moins bien attelée qu'autrefois, que souvent même elle manquera de chevaux. — La condition de cet ouvrier ne sera rendue plus mauvaise que par comparaison et parce que celle de ses camarades sera devenue meilleure. Elle ne sera pas directement atteinte par l'association ; elle restera ce qu'elle peut être par elle-même, ce qu'elle est naturellement, ce que l'ouvrier veut qu'elle soit. Cet ouvrier ne pourrait se plaindre que de deux choses : ou de ce que la loi le contraignit à user de l'association, ou de ce qu'elle lui défendît de le faire. Mais du moment qu'elle lui permet de rester isolé ou de s'unir à d'autres de la manière qu'il juge convenable, il n'a pas le droit de dire à ses compagnons : « Il ne me plaît pas de m'associer : donc vous ne vous associerez pas ; » c'est-à-dire, il n'a pas le droit de supprimer la liberté d'autrui sous prétexte de jouir plus commodément de la sienne.

Non, dans les chambres syndicales, dans celles des ouvriers aussi bien que dans celles des patrons, l'association ne sera pas l'adversaire de la liberté du travail ; elle en sera tout au contraire, nous le répétons, l'alliée nécessaire, la compagne fidèle, la tutrice courageuse.

Dans le deuxième chapitre de cet écrit, nous avons montré tour à tour les patrons et les ouvriers s'efforçant de réagir contre la doctrine de l'individualisme et demandant à l'association les moyens de se servir de la liberté, les uns réussissant à se grouper, les autres, moins heureux, restant, malgré tous leurs efforts, dans l'état d'isolement d'où les chambres syndicales voudraient les faire sortir aujourd'hui. Que faut-il conclure de ce contraste, sinon que, sous le régime de la liberté du travail, le travail n'est pas libre ?

Il l'est dans les rapports des patrons entre eux ; il l'est dans les rapports, des ouvriers entre eux ; mais il ne l'est pas dans les rapports des patrons et des ouvriers. Acheteurs et vendeurs du travail, — nous l'expliquions encore, — ne sont pas placés dans une situation pareille ; tandis que les uns peuvent s'entendre et débattre en connaissance de cause le prix de ce qu'ils achètent, les autres sont condamnés par l'individualisme soit à une résignation cruelle, soit à des revendications violentes et tumultueuses, qui ne font qu'augmenter leur malaise en absorbant leurs ressources ; tantôt victimes, tantôt insurgés, dans l'un et l'autre cas ils ne sont pas libres.

Les chambres syndicales feront cesser cette injustice ; elles auront pour mission de permettre aux ouvriers de débattre en connaissance de cause, sans duperie et sans violence, le prix de ce qu'ils vendent ; elles établiront pour eux la *Bourse du travail* et feront que, grâce à l'association, la liberté du travail sera désormais une vérité.

§

« Mais pourquoi, dit M. Ducarre, cette réaction violente contre les idées et les actes de la Révolution ? Est-ce bien nécessaire ? Ne peut-on trouver d'autres combinaisons moins dangereuses pour la liberté du travail ? La question ouvrière n'existe réellement qu'à Paris ; c'est un mouvement tout à fait local, beaucoup plus théorique que pratique, qui même à Paris n'intéresse qu'une infime minorité, 5 p. 100 environ. Faudra-t-il donc modifier la législation du travail en France,

revenir à un régime supprimé par la Révolution française, parce qu'à Paris, et pour des
causes diverses, un certain nombre d'ouvriers sont dans une fausse situation économique et sociale, et parce qu'une infime minorité réclame sous le nom de syndicat le
retour aux corporations du moyen-âge ? Il
nous est impossible d'admettre pour Paris
une situation économique et industrielle
spéciale qui exige une *législation exceptionnelle.* »

L'organisation des syndicats est donc une
chose bien redoutable pour que la commission
n'ait pas craint de faire appel à cette jalousie fâcheuse autant que ridicule qui parfois
soulève les provinces contre la capitale, — les
membres contre l'estomac, — juste à point
pour servir de stériles calculs politiques ?

Quoi ! une législation exceptionnelle pour
Paris, des priviléges pour Paris, un monopole pour Paris ! Quelle merveilleuse fin de
non-recevoir à invoquer dans l'Assemblée
des députés des départements !

Nous sommes convaincus que la commission l'a invoquée de bonne foi, et qu'elle a
cru que ceux qu'elle appelle les entrepreneurs de syndicats demandaient que les
chambres syndicales cessassent d'être des institutions libres pour devenir la base officielle
d'une organisation légale analogue à celle
des anciennes corporations. « La commission,
dit M. L. Fabre dans le document annexe, qui
est le véritable rapport, ne méconnaît aucun des services que peuvent rendre, dans
une certaine mesure..., les syndicats de pa

trons et d'ouvriers ; mais elle croit que ces institutions doivent rester libres et que leur *permanence légale* amènerait des résultats complétement opposés à la conciliation, susciteraient fatalement les antagonismes et les haines. »

C'est une erreur profonde. La commission n'y serait pas tombée, si elle avait fait aux « entrepreneurs de syndicats » l'honneur de les entendre, au lieu de se borner à écouter leurs *avocats d'office* ! Elle aurait reconnu que si tous s'accordaient pour demander *la liberté du syndicat*, nul ne réclamait le *syndicat obligatoire;* que si tous souhaitaient de pouvoir continuer sous l'égide du droit commun un essai poursuivi depuis quelques années, grâce « à la tolérance expérimentale du gouvernement, » nul ne songeait à réclamer l'assistance de l'Etat, sa protection et son intervention, afin d'imposer l'organisation syndicale à ceux qui ne veulent pas l'accepter.

Oui, si la commission avait interrogé les promoteurs des syndicats ouvriers, dès les premiers mots elle eut compris son erreur. Mais pouvait-elle ouvrir ses portes à des gens qu'elle prétendait dénoncer à l'opinion publique et signaler comme des perturbateurs et des voleurs, « ces entrepreneurs de syndicats qui promettent aux ouvriers de les émanciper à la condition qu'ils leur remettront leur liberté, leur indépendance et SURTOUT LEURS ÉCONOMIES à administrer ! ces entrepreneurs de syndicats qui offrent un grossier appât à la crédulité des ouvriers auxquels ils commencent par réclamer LEURS ÉPARGNES et la gestion de tous leurs intérêts! ces entrepreneurs de syndicats, qui, comme les socialistes parisiens, pensent que les chambres syndicales peuvent devenir des sociétés de candidatures ouvrières, qui, comme les membres de la société d'économie charitable ou du congrès catholique, cher-chent, dans un intérêt politique ou de propa-gande, la direction et l'utilisation des fu-tures corporations ! ces entrepreneurs de syndicats enfin qui à Paris, dans la ville de l'intelligence en toutes choses, comptent 25,000 adhérents ! Ah ! pour comprendre ce chiffre, il faut se souvenir qu'en 1793 LE COM-MUNISME DE BABŒUF Y COMPT. 17,000 AFFI-LIÉS ! ! ! »

L'unité de la législation, la liberté indivi-duelle du travail, les grèves menaçantes, tous ces arguments économiques, tous ces arguments, qu'une discussion quelque peu sérieuse et impartiale pouvait si facilement renverser, tous ces arguments, disons-nous, n'expliquent pas une telle intempérance, une telle violence du langage ! Pour qu'un homme aussi éclairé, aussi bienveillant, et qui porte sur son visage les glorieux stigmates de son dévouement aux ouvriers (1), se soit aban-donné à de tels entraînements, il faut qu'il ait eu quelque autre motif bien grave et bien

(1) M. Ducarre a eu la figure brûlée dans l'in-cendie d'une fabrique où il a déployé le plus admirable courage.

puissant, et qu'il a cru devoir taire par mé-
nagement sans doute pour le suffrage uni-
versel !

CHAPITRE VII.

AUTRE MOTIF QUE LA COMMISSION D'ENQUÊTE N'A PAS FORMULÉ.

Ce motif, le seul vraiment sérieux, est facile à découvrir. La pensée de la commission d'enquête est assez transparente dans le travail de son rapporteur. Sous l'influence de préoccupations exclusivement politiques, sa prudence s'est alarmée du mouvement syndical parmi les ouvriers. Elle s'est trouvée dans un singulier embarras, ne pouvant ni encourager ce mouvement qui lui semblait dangereux, ni l'arrêter, parce que pour l'arrêter elle aurait dû prohiber également les syndicats de patrons. Or les syndicats de patrons représentent des intérêts si graves, ils sont si peu inquiétants pour le bon ordre, qu'on aurait, en les supprimant, soulevé bien inutilement l'opinion publique.

Pour sortir de cette difficulté, la commission a imaginé d'appeler à son aide les *glorieux principes* de 1789 et de démontrer aux ouvriers que l'œuvre des syndicats était une œuvre contre-révolutionnaire. Elle a condamné l'association au nom de la liberté. Elle a fait comme Napoléon III, le jour où il a placé sous l'invocation des mêmes principes de 89, — pavillon qui couvre toutes les marchandises, — la Constitution de 1852. Elle a cru qu'il suffirait de dire aux ouvriers qu'on les ramènerait « à la législation du XIIIe siècle pour les faire renoncer à une entreprise dont elle était inquiète.

Cette inquiétude est-elle fondée ? Si l'institution des chambres syndicales devait ébranler l'ordre public, quel homme sensé voudrait poursuivre l'expérience commencée et payer à ce prix les avantages qu'elle semble promettre ?

Ce qu'on redoute des chambres ouvrières, c'est l'influence qu'elles peuvent avoir, les excès qu'elles peuvent commettre, les facilités qu'elles peuvent donner aux ennemis de l'ordre social ; c'est leur immixtion anormale, illégale, violente même dans les affaires publiques, ces chambres devenant un centre de résistance ou un centre d'action politique, intervenant dans les élections, se mettant au service des partis, fournissant, soit aux intrigues des uns, soit aux complots des autres, des hommes et de l'argent ; on a été jusqu'à dire que « les syndicats ouvriers seraient déjà en dissolution s'ils n'avaient pour eux cette redoutable société que la loi ne peut atteindre, l'*Internationale*, et, pour mobile non avoué, la politique ! »

Ce sont là des craintes exagérées et des paroles calomnieuses. Nous pouvons, à la défense des chambres syndicales, interroger à la fois leur intérêt et leur passé.

Si les ouvriers comprenaient cet intérêt,

ils reconnaîtraient, après les dures expériences qu'ils ont faites à tant de reprises, combien les révolutions leur sont funestes ; ils seraient convaincus que le progrès économique ne peut se poursuivre qu'à l'aide du droit commun et de la liberté légale. Ces sentiments ne sont pas encore ceux de la multitude ; mais il est permis d'affirmer qu'ils sont aujourd'hui ceux des ouvriers d'élite placés à la tête du mouvement syndical. Les ouvriers dont la Société d'économie charitable a recueilli le témoignage, ont été unanimes : « Nos chambres, disait l'un d'eux, comptent rester absolument étrangères à la politique ; elles ne doivent pas mêler la politique aux questions industrielles. » Un autre, expliquant très-nettement et très-franchement sa pensée, ajoutait : « Je ne prétends pas que les ouvriers ne s'occupent pas de politique. Ils s'en occupent au contraire et beaucoup ; mais ils s'en occupent comme citoyens, et ils ne s'en occupent pas dans leurs chambres syndicales. Celles-ci sont des institutions purement économiques, comme celles des patrons, plus même que celles des patrons qui pendant la Commune ont tenté je ne sais quelle conciliation entre Paris et Versailles. Je maintiens tout ce que j'ai dit à cet égard. » (1)

Ces paroles ont un commentaire éloquent dans ce fait qu'aucune chambre syndicale ne s'est trouvée jusqu'à ce jour compromise au milieu des événements politiques. A la fin de

(1) Compte rendu de l'enquête de la Société d'économie charitable.

l'empire, celles qui existaient alors ont presque unanimement refusé d'accepter les statuts de l'Internationale ; elles se sont tenues pour la plupart en dehors de la fédération de la rue de la Corderie. Pendant la Commune, celles qui survivaient ont évité de prendre part aux agissements du gouvernement insurrectionnel dont un comité spécial, le comité du travail, cherchait à s'entourer des délégués des sociétés ouvrières. Elles ont même été l'objet des attaques des journaux communeux qui les appelaient réunions de trembleurs ; et, depuis cette époque, celles qui se sont établies, qui existent aujourd'hui, n'ont jamais fait parler d'elles ni dans les élections, ni dans les mille incidents de la politique, même dans ces derniers temps, même à propos des candidatures ouvrières. On ne peut, en un mot, citer à leur charge aucun fait qui puisse contredire les déclarations si formelles que nous venons de reproduire, qui puisse contredire cette remarque de l'honorable M. Devinck : « Je ne sais trop si l'état-major de l'armée du désordre est fourni par la classe ouvrière plutôt que par la classe bourgeoise. Sur quatre mille délégués ouvriers qui ont été envoyés à l'exposition de 1867 (et qui ont formé le noyau des chambres syndicales) quatorze seulement ont été compromis dans l'insurrection du 18 mars. »

Cette attitude des chambres ouvrières est tellement nette que les grands politiques de l'Internationale les redoutent, les accusent de vouloir constituer un quatrième état et les couvrent d'invectives. Un des journaux de l'Internationale leur reprochait naguère « d'être incapables d'entreprendre une grève avec la moindre chance de succès, de dissimuler leur faiblesse, comme le renard de la fable qui prétendait les raisins trop verts, en déclarant que la grève est une mauvaise chose, d'être enfin des *ouvriers-pantins* dont les bourgeois tirent la ficelle ! »

Voilà qui honore les chambres ouvrières. Cependant ces invectives mêmes de l'Internationale nous rappellent que cette société, elle aussi, avant d'être ce qu'elle est devenue, s'annonçait comme une société d'études, étrangère à la politique, ne cherchant que le progrès pacifique, et qu'elle avait pour membres des économistes avant d'avoir des émeutiers, des assassins, des incendiaires.

Et nous rappelant cela, nous nous demandons si les chefs actuels du mouvement syndical sont à l'abri d'un sort pareil à celui des économistes de l'Internationale. — Tout nous le fait espérer. Ils auront assez de patience, assez de crédit pour asseoir et pour étendre leur influence, pour confondre leurs détracteurs, pour faire accepter leurs idées et leurs projets.

Les craintes contraires que l'on exprime, ne reposent, nous ne saurions trop le redire, que sur de pures hypothèses; elles ne s'appuient sur aucun fait prouvé, sur aucune accusation précise.

§

Et puis, il faut le reconnaître, si dans une certaine mesure ces craintes étaient fondées, si les chambres syndicales avaient le malheur de verser dans la politique, elles ne créeraient pas pour l'ordre public un danger nouveau ? Peut-on, en défendant aux ouvriers de former des associations entre eux, les empêcher de se grouper ? Peut-t-on les éloigner de la politique ? Voilà longtemps qu'ils s'occupent de politique. Qu'ils aient ou n'aient pas de syndicats, ils s'en occupent tout autant, et s'ils doivent s'en occuper ne vaut-il pas mieux que ce soit dans des associations légales et réunies au grand jour qu'au sein des sociétés secrètes ?

Car enfin les sociétés secrètes, voilà ce que les gouvernements issus de la Révolution ont gagné à confisquer le droit d'association. On redoute l'association, on la charge de toutes les fautes d'Israël, on lui fait payer tous les péchés des *clubs* et des *meetings*... Il est vrai que par une étrange inconséquence, dans ce pays qui, en fait de liberté, a souvent réclamé le superflu, sans jamais demander le nécessaire, en même temps qu'on refuse le droit d'association, on accorde celui de réunion ! Eh bien ! ces lois préventives portées contre les associations sont à la fois impuissantes et malfaisantes. Elles ont pour effet de multiplier les sociétés secrètes, mille fois plus à craindre que celles qui auraient une existence légale. Ces dernières pourraient être surveillées, réprimées eu besoin. Les sociétés secrètes, au contraire, échappent au contrôle de l'administration en même temps qu'elles ont pour leurs affiliés l'attrait toujours puissant du fruit défendu. Il n'y a que les honnêtes gens, les gens paisibles, qui craignent de contrevenir à ces lois et qui s'abstiennent de s'associer pour le bien ; les autres n'ont pas la même retenue ; de telle sorte que la législation actuelle empêche l'association de rendre à la société les services que celle-ci doit en attendre, sans pouvoir l'empêcher de lui faire tout le mal dont elle est capable.

« La suppression de la liberté, a dit M. le Procureur général Renouard, dans un de ses discours à la Cour de cassation, n'empêche que très-imparfaitement les associations mauvaises et nuit à la formation des bonnes. Celles-ci sont cependant le meilleur remède contre celles-là et plus efficaces que les lois le plus savamment combinées. »

On dit aux Français en général et aux ouvriers en particulier, qu'avant d'obtenir la liberté, ils doivent la mériter par leur sagesse ; à notre avis, la liberté ne doit pas être la récompense de la sagesse ; elle en est le principe.

La sagesse ne peut être que le fruit de l'expérience. A ceux qui leur disent : Soyez sages, et nous vous donnerons la liberté, — les ouvriers répondent : Donnez-nous la liberté et nous apprendrons par elle à devenir sages ; nous formerons avec sécurité ces chambres syndicales qui seront nos institutrices, dans lesquelles se développera cette élite honnête et intelligente qui commence à s'y former et qui finira, s'il plaît à Dieu, par reconstituer les mœurs publiques et la famille ouvrière. — Oui, la liberté pour eux, c'est la sagesse. Bien imprudent qui la redoute. Ce qui est dangereux, ce n'est pas elle, ce n'est pas même l'abus qu'on peut en faire, c'est la peur qu'on en éprouve. La liberté est un remède énergique ; il faut pour l'employer un peu de courage et beaucoup de raison : elle fait crier le malade avant de le guérir ; mais la souffrance passe et la santé revient.

§

Donc, si les chambres syndicales se transformaient en associations politiques, elles feraient un tort immense aux ouvriers en abandonnant la poursuite des progrès écomiques qu'elles doivent réaliser, pour servir d'instruments à des ambitions malsaines ; mais l'ordre public, dont la commission d'enquête a eu si juste souci, n'en serait pas troublé.

Toutefois cette hypothèse, ne cessons de le dire, rien ne la justifie ; il est *possible* qu'elle se réalise ; mais cela n'est pas *probable*, et, à coup sûr, cela n'est pas *certain*.

Ce qui est probable, c'est que les associations syndicales échapperont aux écueils et parviendront au but qu'elles veulent atteindre.

Oui, si la paix intérieure s'affermit et se prolonge, il est possible qu'elles donnent aux ouvriers la sagesse, fruit de l'expérience et de la pratique sérieuse des affaires, qu'elles cultivent leur intelligence, qu'elles calment leurs passions, qu'elles élèvent leur cœur, et que, leur faisant accepter la situation qui leur appartient dans la société moderne, elles leur permettent de rendre, au moyen de l'épargne, cette situation aussi honorable, aussi fructueuse qu'ils peuvent le désirer.

Cette espérance, si douteuse qu'on la veuille prétendre, mérite cependant quelque réflexion. Elle est assez haute, assez belle, pour qu'il soit permis de ne pas la sacrifier aisément. La sacrifier à quoi, d'ailleurs ? à un péril certain ? Non, à un péril possible, à un péril imaginaire, à un péril que nous avons le droit de déclarer chimérique, parce que rien encore ne le signale, parce que, de tous les griefs qu'on a élevés contre les sociétés ouvrières, nul ne saurait être imputé aux associations syndicales, parce qu'il ne nous a été révélé aucun fait qui doive ébranler notre confiance. La commission d'enquête, cédant aux obsessions de la crainte, se laissant entraîner à cette déroute des idées libérales, signe des jours mauvais, voudrait sacrifier à de vains fantômes une expérience commencée, des résultats acquis, et la chance, unique peut-être en ce moment, de rétablir l'équilibre et la paix dans le monde économique !

En vérité, rien ne serait plus déraisonnable ni plus injuste.

CHAPITRE VIII.

CONCLUSION.

Ces craintes ont empêché la commission d'enquête d'accomplir son œuvre. Appelée à rechercher si, à l'heure actuelle, « une meilleure organisation des rapports des travailleurs et de ceux qui les emploient ne pourrait amener une situation plus conforme au principe de justice et d'égalité, » elle a méconnu l'utilité d'une institution nouvelle, née de l'initiative privée, acceptée par l'opinion, et fort capable de rétablir l'équilibre dans les rapports des travailleurs avec ceux qui les emploient. Oui, les chambres syndicales, par l'influence qu'elles doivent avoir sur la situation morale et économique de la classe ouvrière, sont un instrument de pacification, de progrès, qui sans donner immédiatement la solution de la question sociale, peuvent du moins la préparer utilement.

La commission d'enquête s'est également arrêtée, et en ceci elle a eu grandement raison, devant la pensée de faire intervenir la puissance législative dans l'organisation des syndicats. Elle a cru qu'on voulait en faire, à l'exemple des conseils de prud'-hommes, l'un des rouages de l'administration.

Mais cette croyance reposait sur une erreur, et les ouvriers comme les patrons, sans prétendre se soustraire au contrôle de la justice, déclarent à l'envi que rien ne serait plus contraire à l'esprit comme au programme des syndicats que l' « estampille officielle. » Loin de renoncer à la liberté individuelle du travail, ils prétendent au contraire s'en assurer mutuellement les bienfaits en la complétant par la liberté d'association.

Il ne s'agit donc pas d'édicter des lois nouvelles pour organiser des syndicats et contraindre les ouvriers à se soumettre à leur juridiction.

Il s'agit de permettre aux syndicats de s'organiser eux-mêmes et de laisser les ouvriers libres de recourir à leurs services.

§

Les lois actuelles le permettent-elles ?

Non, si l'on considère leur texte ; oui, si l'on considère l'application qu'en fait le gouvernement.

Il est certain que non-seulement elles n'ont pas prévu la formation des syndicats, mais encore qu'elles l'ont d'avance interdite.

Elles ne laissent même pas au gouvernement la faculté de leur accorder une autorisation préalable. Les articles 1 et 2 de la loi des 14-17 juin de 1791 décrètent l'anéantissement de toute espèce de corporation et fait défense de les rétablir sous quelque prétexte et sous quelque forme que ce soit.

Ainsi, tandis que les sociétés commerciales et industrielles jouissent d'une pleine liberté légale ; que les autres associations peuvent se former dans des conditions particulières, déterminées par des lois spéciales ; que toutes, même les associations politiques, peuvent être autorisées par le gouvernement, seules les associations syndicales sont formellement interdites et ne pourraient se former, si l'administration ne les tolérait, c'est-à-dire ne consentait à fermer les yeux sur leur existence.

C'est en effet ce que l'administration, plus libérale que la loi, a toujours fait, surtout depuis le Rapport ministériel du 30 mars 1868, que nous avons cité plus haut et qu'on a nommé la *Grande Charte* des syndicats.

Les associations syndicales ne sont donc à l'heure actuelle que des associations illicites quoique tolérées. Leur existence dépend du bon plaisir de l'administration. Celle-ci, jusqu'à présent, s'est montrée bienveillante pour elles, mais, du jour au lendemain, elle peut les supprimer d'un trait de plume.

§

Il serait donc juste de les faire tout d'abord rentrer dans le droit commun en abrogeant les art. 1 et 2 de la loi de 1791 qui les place dans une situation exceptionnellement défavorable et ne laisse pas au gouvernement la faculté de les autoriser.

§

Mais le régime de l'autorisation préalable qui les laisserait encore à la discrétion du gouvernement, serait-il suffisant pour leur permettre de se développer avec sécurité ?

Deux systèmes sont en présence. Le système préventif qui comprime l'élan et paralyse l'effort ; le système répressif qui place la liberté sous l'égide de la responsabilité personnelle et le contrôle de la justice, c'est-à-dire le système de la liberté réglée.

Pourquoi ce dernier système ne conviendrait-il pas aux associations syndicales ? Pourquoi le législateur, renonçant à l'article 291 et à la loi de 1834, n'accorderait-ils pas à toutes les associations le droit de naître et de vivre, ainsi qu'une commission de la dernière Assemblée nationale le proposait au Rapport de M. Bertauld ?

Nous avons dit plus haut ce que nous pensions de notre législation sur les associations, législation impuissante contre les malfaiteurs, efficace seulement contre les honnêtes gens.

§

Que si cette solution logique effraye encore des esprits timorés et inconséquents, pourquoi ne pas étendre simplement aux associations industrielles syndicales un régime qu'on a successivement accordé aux sociétés savantes, aux sociétés de secours mutuels, aux sociétés coopératives, à tant d'autres sociétés qui fonctionnent sans compromettre la sûreté de l'Etat ?

Dans l'une et l'autre hypothèse, il ne s'agit pas d'une liberté sans limite et sans responsabilité ; il s'agit d'une liberté réglée, soumise au contrôle de l'administration et à l'autorité de la justice. En donnant aux associations syndicales le droit de se constituer, la loi réserverait à l'autorité compétente le moyen de connaître leur objet, leurs statuts, leur personnel, de les arrêter si elle s'écartaient de leur but, de les poursuivre en justice si elles commettaient quelque délit. Pour protéger la société, le gouvernement puise toujours dans la loi plus de force que dans l'arbitraire, et quand il n'ose recourir à la loi, il donne la mesure de son impuissance. C'est alors que les honnêtes gens doivent trembler.

Une loi justement répressive protégerait les associations syndicales contre leur faiblesse même et leur inexpérience, sans qu'il soit besoin de recourir à cette tutelle mal définie qu'on demande pour elles au régime de l'arbitraire. A la place du sentiment de la crainte, la loi leur donnerait celui de leur responsabilité, responsabilité d'autant plus sérieuse que leurs droits seraient plus étendus, mais aussi d'autant plus utile que leurs devoirs seraient mieux définis.

Appelons donc sur les associations syndicales le contrôle vivifiant de la justice ; que leurs abus soient réprimés, que leurs délits soient punis, qu'elles soient forcées de respecter l'ordre public, les droits individuels ; qu'une loi sévère les contienne ; mais aussi qu'une loi juste les protége, leur donne une éducation virile, leur permette de faire l'apprentissage de la liberté pour devenir un jour des institutions respectées, utiles à leurs membres, utiles à l'Etat.

Certes on pourrait accomplir cette réforme sans porter atteinte aux lois qui ont fondé dans notre pays la liberté individuelle du travail. Il suffirait, comme la commission d'enquête elle-même le demande à la fin de son travail, « *de tenir les lois, perfectibles comme toutes les œuvres humaines au courant, au niveau du progrès et de la civilisation.* »

Tels sont les vœux des ouvriers, tels sont les nôtres.

§

Si le législateur, imbu des préjugés dont on retrouve la trace dans l'enquête qui vient de se terminer, ne daigne pas les entendre et les accueillir, qu'il nous soit permis au moins de nous tourner vers l'administration, et, tout en la remerciant de sa bienveillance passée, de lui demander de continuer à user vis-à-vis des groupes syndicaux de la même tolérance et de la même équité.

Tout fait espérer qu'elle persistera dans cette sage conduite et qu'elle ne troublera pas les associations syndicales, « tant que celles-ci ne porteront pas atteinte à la liberté du commerce et de l'industrie, ou qu'elles ne s'éloigneront pas de leur but pour devenir des réunions politiques non autorisées par la loi. »

Tout récemment encore, alors que le mot *association* ne pouvait être prononcé dans la dernière Assemblée sans soulever les terreurs même des plus républicains, n'avons-nous pas vu les chambres syndicales se multiplier, se réunir et s'entendre pour envoyer soit à Vienne, soit à Philadelphie, des délégations ouvrières ?

Dans cette situation, l'avenir des chambres syndicales est entre leurs mains, c'est à elles d'obliger le législateur à leur accorder le droit de vivre, à force de réserve, de prudence et de fidélité au but de leur institution.

Elles sont encore au début de leur existence ; elles sont exposées à bien des mécomptes, à bien des hasards, à bien des surprises ; elles sont entourées de gens qui rôdent autour d'elles et qui cherchent à les écarter de la voie droite pour les jeter dans les chemins détournés de la politique. Elles ont besoin d'être protégées contre elles-mêmes et contre ceux qui songent à les entraîner. Tant que durera le régime sous lequel elles vivent aujourd'hui, elles seront dans une situation transitoire qui leur permettra cependant de renouveler parmi les ouvriers, devenus si étrangers aux traditions d'ordre et de confraternité, ce qu'on peut appeler les mœurs corporatives : — période de travail, d'éducation, d'épreuve. Quand elles l'auront traversée, la loi d'émancipation pourra venir, les mœurs l'auront préparée.

§

C'est une vérité bien vieille et pourtant bien méconnue que les progrès les plus lents sont aussi les plus sûrs. Vouloir d'un bond atteindre le but entrevu, c'est s'exposer à une chute presque certaine ; pour y parvenir il faut, au contraire, s'avancer avec une sage prudence, assurer chacun de ses pas, s'armer de courage et de patience. En serions-nous où nous sommes, si depuis un siècle nous avions eu ce courage et cette patience ?

Que les ouvriers reconnaissent cette vérité: s'ils s'abandonnent, cette fois encore, à de perfides conseils, s'ils se détournent du but purement économique qu'ils doivent poursuivre, ils échoueront à coup sûr, et l'idée syndicale s'en ira grossir le nombre des utopies qui n'ont servi jusqu'à ce jour qu'à les rendre plus malheureux et plus redoutables.

Mais, au contraire, s'ils acceptent pour guides des hommes intelligents et dévoués ; s'ils apprennent d'eux la modération, la sagesse, la persévérance ; s'ils se soumettent à une éducation virile, ils réussiront sans aucun doute, et l'idée syndicale deviendra féconde ; elle leur permettra de trouver, au sein d'une société pacifiée et enrichie par le travail, le bien-être, la sécurité, la considération qu'aucune révolution ne saurait leur donner.

Ne toucheront-ils pas alors à la solution de la QUESTION SOCIALE ?

TABLE

—

Tours. — E. Mazereau, imp. breveté.